JN300592

信山社

〒113-0033 東京都文京区本郷6-2-9-102
TEL 03-3818-1019　FAX 03-3818-0344

既刊・好評発売中

法学ことはじめ　本体価格2,400円

主要目次

1　法学入門／2　法学ことはじめ／3　「法学嫌い」考／4　「坊ちゃん法学」考／5　人間性と法／6　法的言語と日常言語／7　カリキュラム逆行の薦め／8　日本と法／9　明治法学史の非喜劇／10　日本における西洋法継受の意味／11　日本社会と法

法哲学批判　本体価格3,900円

主要目次

一　法哲学

1　法哲学／2　未来の法哲学

二　人間と法

1　正義論義スケッチ／2　良心について／3　ロバート・ノージックと「人生の意味」／4　内面の自由

三　生と死

1　現代文明と「死」／2　近代思想における死と永生／3　生命と倫理

四　日本法哲学論

1　煩悩としての正義／2　日本法哲学についてのコメント／3　碧海先生と弟子たち

付録 駆け出し期のあれこれ　1　法哲学的近代法論／2　日本法哲学史／3　法哲学講義

争う神々　本体価格2,900円

主要目次

1　「神々の争い」について／2　神々の闘争と共存／3　「神々の争い」の行方／4　輪廻と解脱の社会学／5　日本における経営のエートス/6　書評　上山安敏「ヴェーバーとその社会」／7　書評　佐野誠「ヴェーバーとナチズムの間」／8　カール・シュミットとドイツ／9　カール・シュミットのヨーロッパ像／10　ドイツ民主党の衰亡と遺産／11　民主主義論とミヘルス／12　レオ・シュトラウス伝覚え書き／13　シュトラウスのヴェーバー批判／14　シュトラウスのフロイト論／15　アリストテレスと現代

西洋思想家のアジア　本体価格2,900円

主要目次

一　序説

1　西洋的伝統—その普遍性と限界

二　西洋思想家のアジア

2　グロティウスとアジア／3　スピノザと出島のオランダ人たち／4　ライプニッツと中国

三　明治・大正を見た人々
5　小泉八雲の法哲学／6　蓬萊の島にて／7　鹿鳴館のあだ花のなかで／8　青年経済学者の明治日本／9　ドイツ哲学者の祇園体験
四　アメリカ知識人と昭和の危機
10　ジョン・ガンサーと軍国日本／11　オーウェン・ラティモアと「魔女狩り」／12　歴史としての太平洋問題調査会

純粋雑学　本体価格 2,900円

主要目次
一　純粋雑学
1　研究と偶然／2　漢文・お経・英語教育／3　五十音拡充論／4　英会話下手の再評価／5　ワードゲームの中のアメリカ／6　ドイツ人の苗字／7　「二〇〇一年宇宙の旅」／8　ウィーンのホームズ／9　しごとの周辺／10　思想としての別役劇／11　外国研究覚え書き
二　駒場の四十年
A　駆け出しのころ
12　仰ぎ見た先生方／13　最後の貴族主義者／14　学問と政治—ストライキ問題雑感／15　「居直り」について／16　ある学生課長の生涯
B　教師生活雑感
17　試験地獄／18　大学私見／19　留学生を迎える／20　真夏に師走　寄付集め／21　聴かせる権利の法哲学／22　学内行政の法哲学
C　相関社会科学の周辺
23　学僧たち/24　相撲取りと大学教授/25　世紀末の社会科学／26　相関社会科学に関する九項/27　「相関社会科学」創刊にあたって/28　相関社会科学の現状と展望／29　相関社会科学の試み／30　経済学について／31　ドイツ産業の体質/32　教養学科の四十年・あとがき/33　教養学科案内
D　駒場図書館とともに
34　教養学部図書館の歴史・現状・展望／35　図書館の「すごさ」／36　読書と図書館／37　教養学部図書館の四十年／38　「二十一世紀の図書館」見学記／39　一高・駒場・図書館／40　新山春子さんを送る
三　私事あれこれ
41　北一輝の誤謬／42　父の「在満最後の日記」／43　晩年の孔子／44　迷子になった話／45　私が孤児であったなら／46　ヤルタとポツダムと私／47　私の学生時代／48　受験時代／49　「星離去」考／50　私の哲学入門／51　最高齢の合格者／52　飼犬リキ／53　運命との和解／54　私の死生観

されど、アメリカ　本体価格 2,700円

主要目次
一　アメリカ滞在記
1　アメリカの法廷体験記／2　アメリカ東と西／3　エマソンのことなど／4　ユダヤ人と黒人と現代アメリカ／5　日記——滞米2週間
二　アメリカと極東
1　ある感傷の終り／2　ある復讐の物語／3　アメリカ思想と湾岸戦争／4　「アメリカの世紀」は幕切れ近く

加藤孔昭 編著

憲法改革の論点

21世紀の憲法構想

信山社

はしがき

憲法を考え、そして論じる時代になった。国の基本法である憲法を考えることは、国の在り方を考えることである、と思う。二一世紀に新しい憲法ができるとしたら、それは新しい日本ができるということだ。

衆参両院に国会としては初めての憲法調査会が設置された。五年をかけて報告書をまとめるという。悠長な話であるとは思うが、議論はどんどん進めてもらいたい。国会や政党は、憲法に関して怠慢であった。調査会は、国民の間で憲法論議が定着するように、·その先兵となるべきだ。

本書は、その論憲の手がかりになれば、という気持ちから書いたものである。国会、内閣、司法、地方自治といった統治機構を中心として、論点を提供しようとするものである。唯一の答えを出そうとしたものではない。統治機構は、国のシステムであるから、国家の形を考えるさいには参考になると思う。

むろん、新しい国家には実体が伴わなければならない。私は二一世紀のわが国のキーワードは「自由と規律」であると考えている。のびやかな自由と相手を思いやる規律である。自由は、「個」の確立が前提となるが、自分さえよければ、相手がどうなっても良いという意味ではけっしてない。

「個」の確立とは、他人の「個」も認めるということだ。そこには一定の約束事、つまり規律があるはずである。最近の日本人は、この原則を忘れがちである。グローバル化が進むなか、わが国が国際社会で十分な役割を果していかなければならない、という視点はきわめて重要だが、その前に主権国家・日本の足元を固めておく必要があるのではないか。

そして、それこそが憲法を考えることであると思う。日本の伝統は、「和」であるという。国民や世界の「和」は大切である。だが、それが行き過ぎて、無責任な馴れ合いやもたれ合いになってはいけない。憲法について、われわれはそうした惰性に陥っていた一面はないだろうか。

長く続いた惰性のなかには、過去の不毛なイデオロギー論争も入っている。国民主権などの大原則を変える必要はないが、現行憲法の枠組みにあまりにこだわり過ぎることも、惰性の固定化につながるのではないか。憲法論議は、現行憲法条文の解釈だけに偏ってはならない。

新しい視野からの大胆な憲法見直しの議論も必要だ。求められているのは、幅広い闊達な論憲である。本書では、そうした視座にそくした論点も提供したつもりである。反論、異論のあることは承知している。ご批判をいただきたい。

本書は、憲法研究にかかわる個人が、それぞれ独自の立場から執筆したものである。細部にわたる字句統一などは心がけたが、事前に執筆者が、「思想統一」したことはない。テーマによって、さまざまな見解があっても構わないと思う。

執筆にあたっては、多くの方々のご指導、鞭撻があった。直接、お目にかかってご教示を受けたこともあれば、電話や著作からの示唆もあった。

その全部を紹介することはとても不可能である。失礼をかえりみず、この場で深くお礼申し上げる。国会図書館政治議会課からは、多くの資料を提供され、たいへん助けられた。

最後に原稿執筆の遅れを辛抱づよくまち、適切なご助言をいただいた信山社の渡辺左近氏に心から感謝したい。

二〇〇〇年一月

編著者・加藤孔昭

目次

目　次

〈著者紹介〉

加藤孔昭（かとう・よしてる）

読売新聞社調査研究本部主任研究員

一九四二年、東京生まれ。一九六六年、早稲田大学第一政治経済学部政治学科卒業。同年、読売新聞社入社。七二年から、政治部勤務。首相官邸、自民党担当キャップ。政治部デスク。九二年から現職。憲法問題、現代政治などを担当。九八年から、慶応義塾大学大学院法学研究科非常勤講師。

著書に、『政権党』（一九八〇年、読売新聞社、共著）など。

太田雅幸（おおた・まさゆき）

衆議院法制局勤務

一九六一年、北海道生まれ。一九八四年、東京大学法学部卒業。同年、衆議院法制局入局。一九九七年、ニューオーリンズで行われた国際法制立案講座に参加し、各国の法制立案者と交流する。

著書に、『Q&A解説　ゴルフ会員契約等適正化法』（第一法規、共著）、ジュリスト一一七二号所収「政治資金規正法の一部改正」（有斐閣）、『法令難語辞典』（三省堂、共著）等、論文に「法制度設計論」がある。

浅野善治（あさの・よしはる）

衆議院法制局第三部副部長

一九五四年、東京都生まれ。一九七六年、慶応義塾大学法学部法律学科卒業。同年衆議院法制局入局。第二部第二課長、第五部第二課長を経て現職。

著書、論文として、「議員立法と政府立法」法律のひろば五〇巻一一号、「憲法に関する政府の国会答弁」Ｔｈｉｓ ｉｓ 読売臨時増刊、「議員立法と議院法制局」議会政治研究五〇号、共著として、『国会事典（第三版）』（有斐閣）、『国会と財政』（信山社）など。

金丸文夫（かねまる・ふみお）

読売新聞編集委員（司法担当）

一九四九年宮崎県生まれ。一九七三年、東京大学法学部卒業。同年読売新聞社入社。一九九二〜九四年社会部・司法記者クラブに所属。社会部次長を経て一九九九年から現職。

共著に『法律記事の新しい読み方』（ぎょうせい、一九九九年）。

内閣総理大臣のリーダーシップを考える

二〇〇一年一月から、トップリーダーである内閣総理大臣の指導力とその補佐機構が拡充される。合わせて現行二二中央省庁体制が一府一二省庁に再編される。明治の内閣制度創設、終戦期の陸海軍省・内務省廃止に次ぐ、第三の行政改革といわれている。

これに先立って、九九年には一一〇年の歴史をもつ明治時代以来の官僚による政府委員制度が廃止された。国会答弁は原則として閣僚か政務次官があたる。二〇〇一年からは、国務大臣のほか、新設される副大臣・政務官が答弁に立つ。

行革のスローガンであった「官僚主導から政治家主導」への変革の試金石である。

二〇〇〇年の通常国会からは、国家基本政策委員会が新設され、英国の「クエスチョン・タイム」をモデルにした与野党党首の討論がスタートした。

九九年の臨時国会で、衆参それぞれで一回づつの試行討論が行われた。国会が、国民に分かりやすい言論の府として活性化できるか、どうか。党首討論は、有権者にとって、政党党首の政治家としての力量・器量をはかる機会になりそうだ。

現下の情勢をみると、内外ともに変化のテンポは、予想以上に早い。だが、冷戦構造崩壊後一〇年余を経たいま、世界は、いまだに確固とした新秩序を見い出せないまま、二一世紀を迎えようとしている。地球規模の過渡期というべき時代にあって、わが国が国際社会の一員としての役割を果たし、かつ国の活力を維持していくためには不断の努力が必要だ。

長引く景気の低迷は、経済・財政・金融のかじ取りを誤れば、世界レベルの危機に発展する可能性さえはらんでいる。失業や高齢化社会への不安は募る一方だ。

ところが、現実の政治は目先の利害にとらわれて責任の所在さえはっきりしないまま、決断も実行も先送りしている。国民の不信感は、政治に対する怒り、しらけから、さげすみの感情にまで深まっている。

国の基本的方向を決める政治には、優れた先見性、構想力と果断な対応能力が求められる。一連の改革は、政治や行政が、時代のテンポに対し、迅速、効率的な対応が可能になることを目指している。

これらの改革は評価できる面がある反面、明治以来の「負の伝統」を継承している点もある。課題や問題点が払しょくされたわけではない。

まず、国政の最高責任者である内閣総理大臣の指導力と権限を強化しなければならない。わが国の首相は、日本国憲法で「内閣の首長」と位置づけられながら、憲法の政府解釈や内閣法、さまざまな慣例などで、その権限が制約されてきた。

阪神大震災など大災害や地下鉄サリン事件といった無差別テロ、ミサイルの飛来、北朝鮮工作船の領海侵犯など、安全保障上の緊急事態のさいに求められる迅速な対応には、これが極めて大きな障害となっている。

明治以来の各省庁の縦割り行政のなかで、政治のリーダーシップが埋没してきたと言っても過言ではない。政治主導の責任ある体制が確立できるのか。

緊急事態には、首相を司令塔に政府、自治体が一元的な態勢を早急にとることが必要だ。危機管理システムは抜本的に変わるのか。

省庁再編は、単に巨大官庁を生むだけの結果になるのではないか。スリム化、効率化は達成できるのか。行政が、縦割り・縄張り意識を捨て、国民生活本位に機能するのだろうか。

一連の行革を検証しながら、提言と注文をつけていきたい。

首相の権限——政府見解と解釈立法・内閣法

まず、政府は、内閣総理大臣と内閣・行政官庁との権限関係について、どのような見解を持っているのかをチェックする。

「行政権は憲法上、内閣全体にあり、首相個人にはない。内閣は、連帯して国会に責任を負う合議体である。したがって、首相と国務大臣で構成する内閣は、閣議で事前に方針を全会一致で決定し、その方針に沿い統一化された合議体として、職権を行使しなければならない」。

こうした論理を、憲法の下位法である内閣法で「内閣がその職権を行うのは、閣議によるものとする」（内閣法四条一項）と規定し、「内閣が合議体である以上、閣議決定は全会一致」という大日本帝国憲法（明治憲法）下の慣例を踏襲した。

こうした厳格解釈で、首相は閣議決定した方針に基づいた立案や政策だけに限って権限を発揮できるという制約をつけたのである。ただし、明治憲法下では、その責任は国会に対してではなく、天皇に対して負うことになっていた。

そして、首相の「行政各部に対する指揮監督」（憲法七二条）は、「閣議にかけて決定した方針に基づいて、行政各部を指揮監督する」（内閣法六条）とし、閣議万能のシステムとした。行政各部とは各大臣であり、首相が事務当局を直接、指揮監督することは、内閣法上できない法体系を敷いた。

さらに「各大臣は、別に法律の定めるところにより、主任の大臣として、行政事務を分担管理する」（内閣法三条一項）と書き込み、「分担管理の原則」を規定した。

この体系は、内閣を各省庁を統轄する上級機関と位置づけながら、各省庁の縦割り行政を維持させるものだ。「分担管理」によって、最終的な行政処分権を各省大臣に帰属させたからである。

さらに明治以来の慣例である国務大臣・行政長官同一人制を採用している。この結果、閣僚は国務大臣としてよりも、各省の利益を代弁する行政長官として、省益代表トップの存在になっている。内閣を組織する場合、政治家や民間人は、まず国務大臣として選ばれて認証される。その後、首相が、その国務大臣を大蔵大臣とか防衛庁長官といった行政長官に任命するのである。閣僚は、各省庁の利益よりも国政全般に立った役割が優先されるはずだ。

現在は、こうした原則が忘れられている。二〇〇一年改革では、役所に足場を置かない特命担当相が二―三人任命されることになっている。多少は、省益よりも、仕事本位の大臣が誕生する可能性はある。

「閣議の全会一致」「分担管理の原則」「国務大臣・行政長官同一人制」などは、明治以来の負の継承の典型である。

自社さ連立政権の村山内閣下、閣議運営上、ひじょうに珍しい例外があった。戦後、内閣法が施行されてから、おそらく初めてのことと思われる（別掲・囲み）。閣議の前日の各省庁の事務次官会議（全会一致）で決まった案件だけが、閣議に上げられる慣例が破られたのである。

ただし、最近では、事務次官会議そのものも、形式化している。実際の政策や法案は、与党内の事前審査や与党と関係省庁との協議で決定していることが多い。

関連する憲法条文などは次の通りである。

憲法

第六五条（行政権） 行政権は、内閣に属する

第六六条第一項（内閣の組織、国会に対する連帯責任） 内閣は、法律の定めるところにより、その首長たる内閣総理大臣及びその他の国務大臣でこれを組織する

第六六条第三項 内閣は、行政権の行使について、国会に対し連帯して責任を負ふ

内閣法

第四条第一項 内閣がその職権を行うのは、閣議によるものとする

憲法

第七二条（内閣総理大臣の職務） 内閣総理大臣は（中略）並びに行政各部を指揮監督する

内閣法

第三条（行政事務の分担管理） **第一項** 各大臣は、別に法律の定めるところにより、主任の大臣として行政事務を分担管理する

第六条（行政各部の指揮監督） 内閣総理大臣は、閣議にかけて決定した方針に基いて、行政各部を指揮監督する

国家行政組織法

第五条（行政機関の長）　総理府及び各省の長は、それぞれ内閣総理大臣及び各省大臣とし、内閣法にいう主任の大臣として、それぞれ行政事務を分担管理する

（傍線は筆者）

二〇〇一年からの改革では、こうしたシステムはどう改善されたのか、されていないのか。改正内閣法、改正国家行政組織法については後述する。

〈コラム〉

ハプニング閣議で誕生した地方分権推進委――戦後唯一の例外？

一九九四（平成六）年一二月二三日、自社さ政権下の村山富市内閣の閣議があった。当時、機関委任事務の廃止など地方分権を進めるための地方分権推進委員会の設置が各省庁の抵抗で難航していた。

所管官庁の総務庁は各省庁間調整はとても無理とみて、法案作成をほぼ断念していた。こうした雰囲気のなか、その日の閣議で、突然、自治相の野中広務（自民）が、地方分権推進の必要性を予定外発言して強調した。むろん、慣例上、必要な事前の事務次官会議にはかかっていなかった。

所管大臣の総務庁長官・山口鶴男（社会）は、「部下は反対しているが、自分としてはやらなければならないと思っている」と応じた。首相の村山も、「それはそうだ」。内閣官房長官の五十嵐広三（社会）も同調。副総理の河野洋平（自民）も、「結構だ」。さきがけ代表の蔵相・武村正義は「この機を逸しちゃだめだ」。

こうして、シナリオになかった法案化があっという間に、事実上、閣議で決まった。この後、事務方の内閣官房副長官だった石原信雄を中心に調整が進み、事務次官会議では異論は出なかった。石原によれば、極めて異例で、彼自身も初めての経験だった。

閣議は普通、提出案件に閣僚がサインするだけで終了する。異例の自社さ内閣では、この慣例が徹底していなかったのかもしれない。自民党単独内閣だったら、まず考えられないハプニングである。「慣れないが故のヒョウタンにコマ」で、意外なところで、村山内閣は善政していた？

（敬称略、肩書は当時）

明治憲法下の慣例と伝統

政府解釈や関連法の規定は、首相の独裁化や専横を防ぐという効果を狙っている。しかし、緊急時に、いちいち閣議を開いて小田原評定をしているいとまはない。なぜ、こうした手間ひまかかるシステムにしたのだろうか。

憲法は内閣総理大臣を「内閣の首長」(憲法六六条一項)と規定しているが、内閣が合議体とはどこにも書いてない。連帯責任が、単純に合議体でなければならないという必然性もない。さらに連帯責任が全会一致を必要とするという論理も短絡的だ。閣議で異論が出ても、最終決定には全閣僚が従うことにすれば良い。それが民主主義のルールだ。

現行憲法ができたとき、内閣法も同時に施行(一九四七年五月三日)された。

憲法以下、関連法律をみると、法体系のコンセプトは次のようになっている。

1、憲法上の内閣総理大臣⇩「内閣の首長」

2、内閣法上の内閣総理大臣⇩「閣議万能主義⇩権限制約・座長的」

3、国家行政組織法上の内閣総理大臣⇩「各大臣と対等」

下位法にいくほど内閣総理大臣が、他の国務大臣と対等になっている。憲法に規定していない点を政府が解釈して、その解釈を内閣法、国家行政組織法にはめ込んでいることが分かる。国家行政組織法では、首相も閣僚も所管事務を分担管理する主任の大臣の一人として扱っている。

したがって、内閣は各大臣が対等の発言権を持つ合議体となってしまう。こうした解釈規定は、首相に強いリーダーシップを発揮させない意図が込められている。

二〇〇一年改革では、現在の総理府を大幅に改編した内閣府を新設する。主任の大臣は、総理府と同じ内閣総理大臣だが、首相の補佐機構としての内閣府は、国家行政組織法の枠外に置かれることになった。内閣府は、他省と横並びではなく、一格上の役所と位置づけられた。この措置により、間接的にではあるが、首相の地位が高まっている。

副総理や内閣官房長官をつとめた旧内務官僚出身の後藤田正晴氏は、その著書（『情と理』―後藤田正晴回顧録―下、一七三頁・一九九八年、講談社）で、「『総理大臣は直接各省大臣を、閣議にかけない事項まで指揮監督するということはやってはならん』という、明治以来のやり方というものについては、先人の知恵が働いておる」と述べている。

そして、その理由として「総理大臣というものの独断専行からくる国政全体の不測の混乱」「国家経営についての危険性」をあげ、「この制度は基本的に明治憲法と同じ」と指摘している。

しかし、こうした「合意」を前提とした仕組みは、テンポの早い現代では、逆に障害になるケースが多い。たとえば、国際金融戦争で首相の決断が遅れれば、国家に巨額の損失を与える時代である。一定の歯止めをかけたうえで、首相に迅速な決定がくだせる制度にしなければならない。

明治憲法下、内閣は憲法に定められた機関ではなく、国務大臣について、明治憲法五五条一項で、「国務各大臣ハ天皇ヲ輔弼シ其ノ責ニ任ズ」、第二項で、「凡テ法律勅令其ノ他国務ニ関ル詔勅ハ国務大臣ノ副署ヲ要ス」と規定していただけだった。国務大臣の天皇に対する単独輔弼制である。官制大権は天皇にあった（同一〇条）。

内閣がまとまって国政にあたり、責任をもつというシステムはなかった。伊藤博文はじめ、明治の元勲や元老というビッグネームが健在なころはよかった。人を中心にして国家としての求心力が働いていたからである。しかし、リーダーが小粒になるにつれ、その求心力や統合力は次第に欠け、昭和初期からの混乱をまねいた。太平洋戦争に突入していった、その結果は語るまでもない。

首相や内閣の権限は、憲法でも法律でもなく、勅令である官制で規定されていた。首相は内閣のなかで「同輩者中の首席」にすぎなかった。つまり、現行の「分担管理の原則」は、単独輔弼制に通じ、首相の権限制約は、閣僚の横並び原則に見合うものであることが分かる。

後藤田氏が言う「明治以来と同じ」とは、現行憲法が明治憲法と異なり、内閣に一章を立てながら、内閣のシステムそのものは、明治時代の規定や慣例を色濃く受け継いでいることを意味している。

現行憲法は、内閣の「首長」たる内閣総理大臣と内閣の権限関係、内閣の意思決定に関する首相の役割などについて触れていない。

ただし、国務大臣の任免権、内閣を代表して議案を国会に出すこと、行政各部を指揮監督する権限などを規定しているから、総理大臣が各国務大臣を統轄する上位の位置を占めていることは明白だ。

したがって、現行憲法と同時に施行された内閣法で、意図的に首相の地位に制約を加え、最高行政官庁だった各省大臣の権限を明治憲法なみに残そうとした企図が浮かび上がってくる。そこで、明治時代にできたシステムを振り返ってみよう。

内閣職権と内閣官制

一八八五（明治一八）年一二月、伊藤博文は、それまでの太政官制度を改め、内閣制度を発足させた。旧体制からの抵抗は強く難産だった。近代国家を作るための新体制固めである。いまからは想像できないほどの大行政改革だった。初代の内閣総理大臣には伊藤が就任した。

新内閣機構の運営に関する基準を定めた「内閣職権」は、大宰相主義を採用していた。「職権」は、プロシアのハルデンブルグ官制をモデルにしていた。

（注）ハルデンベルグ官制＝一八一〇年創設――一八二二年廃止。プロシアの勅令による官制。首相の権限を強め、国王とその側近の権力抑制をねらった制度。ハルデンベルグは、当時の宰相名。プロシアのシステムだったが、国王の権力を抑える点などに英国の議会政治に通じるものがあった。

伊藤は天皇を「内閣のなかの天皇」と位置づけ、天皇の権力を制度化した立憲君主制を構想した。伊藤があえて、廃止されていたハルデンブルグ官制を採用したのは、宮中の天皇側近グループの頑迷な干渉を排除するためだったという。当時の内外の情勢からみて、強力な指導者による迅速な政策決定が求められていた。現代と共通する時代背景があったともいえる。

首相の権限を強め、権力を制度化すれば、天皇やその側近の恣意が入る余地が狭まる。この経緯については「稲田正次『明治憲法成立史』上、下、一九六〇年、有斐閣」、「坂本一登『伊藤博文と明治国家形成』一九九一年、吉川弘文館」を参考にした。このとき、明治憲法や皇室典範はまだ制定されていなかった。

大日本帝国憲法発布と典範制定は、一八八九（明治二二）年で、第一回帝国議会の開設は翌一八九〇（明治二三）年だった。

明治憲法が公布されたあと、首相・山懸有朋は、小宰相主義の「内閣官制」に改めた。首相の権限は、「同輩者中の首席」へ縮小された。

内閣職権が見直されたのは、制度的には、大宰相主義をとると、首相と明治憲法上の天皇の権限が抵触する恐れがあったからといわれている。大宰相がその権限を行使して、具体的政策をつくり上げるためには手足となる官僚が不可欠だが、スタッフ機構にあたる現在の内閣官房といったものも整備されていなかった。

政治的には、首相の権限が強過ぎると、薩長藩閥政府のバランスが保てなくなることがあげられる。首相を出した藩閥の勢力が強くなりすぎるというわけだ。一〇人の閣僚で発足した第一次伊藤内閣の顔ぶれは、薩摩四人、長州四人、土佐一人、旧幕臣一人だった。出身別のはっきりした派閥均衡人事である。

内閣職権と内閣官制

「職権」と「官制」の差は、それぞれ各第一条、第二条を読めば歴然としている（別掲）。前者では、総理大臣は、国家の重大事を天皇に報告し、その意向を受けて政治の方向を指示し、各大臣をまとめて監督することになっている。

後者は、内閣は国務大臣で組織し、総理大臣はその内閣の統一をはかるだけになっている。憲法による国務大臣の天皇に対する単独輔弼制とともに、この内閣官制が、現行憲法とともに施行された内閣法まで、一部の手直しだけで六〇年以上続くのである。そして、戦後の内閣法には、この官制の考え方が意識的に引き継がれた。

明治憲法下では、内閣のほか、元老、枢密院、軍部（陸、海軍）、宮中勢力、政党など極めて多元的な勢力が統治機構に複雑に入り組んでいた。

閣僚は、横並びで天皇に対する単独輔弼責任を負っているに過ぎなかったから、軍部が異議を唱えたり、大臣を出さないといった抵抗で内閣が瓦解することが多かった。

戦時下になり、内閣および内閣総理大臣の権限強化の必要性が指摘されたが、効果を上げることはできなかった。

首相、陸相、参謀総長を兼務した東条英機が、太平洋戦争敗戦のきっかけとなったミッドウエー海戦敗北の報告を海軍から受けたのは、一ヵ月後で、それも簡単なものに過ぎなかったことは、よく知られているエピソードだ。

陸軍と海軍の派閥やグループの壁はそれほど厚かったのである。

東条を「独裁者」とみる向きもいるが、むしろ統治能力を発揮出来なかった混乱期の首相という位置付けの方が正確ではないか。軍隊を掌握できない独裁者など存在するわけがないからだ。

〔内閣職権＝大宰相主義〕
内閣職権ヲ定メルコト左ノ如シ
明治十八年（一八八五年）一二月二二日
奉勅　太政大臣　三条実美
第一条　内閣総理大臣ハ各大臣ノ首班トシテ機務ヲ奏宣シ旨ヲ承テ大政ノ方向ヲ指示シ行政各部ヲ統督ス
第二条　内閣総理大臣ハ行政各部ノ成績ヲ考ヘ其説明ヲ求メ及ヒ之ヲ検明スルコトヲ得
第三条　内閣総理大臣ハ須要ト認ムルトキハ行政各部ノ処分又ハ命令ヲ停止セシメ親裁ヲ待ツコトヲ得
第四条　内閣総理大臣ハ各科法律起案委員ヲ監督ス
第五条　凡ソ法律命令ニハ内閣総理大臣之ニ副署シ其各省主任ノ事務ニ属スルモノハ内閣総理大臣及主任大臣之ニ副署スヘシ
第六条　各省大臣ハ其主任ノ事務ニ付時々状況ヲ内閣総理大臣ニ報告スヘシ但事ノ軍機ニ係リ参謀本部長ヨリ直ニ上奏スルモノト雖モ陸軍大臣其事件ヲ内閣総理大臣ニ報告スベシ

第七条　各大臣事故アルトキハ臨時命ヲ承ケテ他ノ大臣其事務ヲ管理スルコトアルベシ
〔内閣官制＝小宰相主義、これが終戦後の内閣法施行まで続いた〕
明治二二年（一八八九年）一二月二四日　勅令一三五号
改正・明治四〇年二月一日　勅令第七号
廃止・昭和二二年五月三日　政令第四号
第一条　内閣ハ国務各大臣ヲ以テ組織ス
第二条　内閣総理大臣ハ各大臣ノ首班トシテ機務ヲ奏宣シ旨ヲ承ケテ行政各部ノ統一ヲ保持ス
第三条　内閣総理大臣ハ須要ト認ムルトキハ行政各部ノ処分又ハ命令ヲ中止セシメ勅裁ヲ待ツコトヲ得
第四条　凡ソ法律及一般ノ行政ニ係ル勅令ハ内閣総理大臣及主任大臣之ニ副署スヘシ勅令ノ各省専任ノ行政事務ニ属スル者ハ主任ノ各省大臣之ニ副署スヘシ
第四条　内閣総理大臣ハ其ノ職権又ハ特別ノ委任ニ依リ閣令ヲ発スルコトヲ得
（明治四〇年改正）
第四条ノ二　内閣総理大臣ハ所管ノ事務ニ付警視総監、北海道庁長官、及府県知事ヲ指揮監督ス若シ其ノ命令又ハ処分ノ成規ニ違ヒ、公益ヲ害シ又ハ権限ヲ犯スモノアリト認ムルトキハ之ヲ停止シ又ハ取消スコトヲ得

（明治四〇年新設）
第五条　左ノ各件ハ閣議ヲ経ヘシ
一　法律案及予算決算案
二　外国条約及重要ナル国際条件
三　官制又ハ規則及法律施行ニ係ル勅令
四　諸省ノ間主管権限ノ争議
五　天皇ノ下付セラレ又ハ帝国議会カラ送致スル人民ノ請願
六　予算外ノ支出
七　勅任官及地方長官ノ任命及進退
②　其ノ他各省主任ノ事務ニ就キ高等行政ニ関係シ事体稍重キ者ハ総テ閣議ヲ経ヘシ
（傍線は筆者）

ＧＨＱとの折衝経過

終戦による新憲法の施行で、官制大権は消滅し勅令という立法は不可能になった。内閣官制の法律化、つまり憲法のもとで、内閣法という立法作業が始まった。

連合国軍総司令部（GHQ）の意図は、立法（国会）、内閣（行政）、司法（裁判所）のうち、伝統的に弱体だった国会の強化だった。一九四六（昭和二一）年二月一三日、日本側に示されたGHQ憲法草案では、最高裁判決の再審決定、国務大臣の同意権などの権限が国会に与えられており、明らかに国会優位だった。

GHQは、行政府に関しても、国会の関与できる内閣制度を考慮した。日本側は、国会の関与を排除した内閣官制に近い内閣制度を志向した。GHQが、明治以来の「官優位」の統治機構を変えようとしたのに対し、政府の関係者、とくに法制官僚は、旧体制維持をねらった。

多元的だった明治憲法下の統治機構が、三権分立というすっきりした形になったことに対する不安感があったという。多元的な政治権力には、それぞれの権益が伴っており、こうした権益の解消につながる戦後改革の摩擦を懸念したのであろう。背景には、大きな変化による混乱、つまり官僚勢力の後退を避けた、旧体制保持の企図があった。

GHQ草案は「行政権は内閣に帰属する」となっていたが、これを翻訳した憲法改正草案要綱では、「行政権ハ内閣之ヲ行フコト」と意識的に曖昧な表現になっていた。五月二一日、枢密院の再諮詢案で元に戻したが、その意図は明白だった。

憲法草案起草に先立ち、一九四六年一月七日、米国政府は、SWNCC（国務・陸軍・海軍三省調整委員会）二二八号文書で「日本の統治体制の改革」に関する指針を示した。

それは「選挙民に対し責任を負う政府の樹立」であり、「選挙民に責任を負う行政府」だった。「議院内閣制」のほか、「大統領制」の選択肢もあった。議院内閣制は、天皇制の維持を決めた場合の選択肢だった。実権のない象徴天皇ではあっても、大統領との位置づけの関係が複雑になる可能性があったからだろう。

天皇制維持が決まったことから、議院内閣制が採用された。ただし、GHQ草案の素案には「行政・権は、内閣総理大臣に属す」という大統領制に近い考え方もあった。

日本側には、新憲法施行に伴う関連法規の整備のため、一九四六（昭和二一）年七月、首相・吉田茂を会長とする臨時法制調査会が設置された。実務は副会長の金森徳次郎が担当した。内閣法は、皇室典範などとともに第一部会で憲法の国会審議と並行して検討が続けられた。

GHQとの折衝経過

内閣法案は一〇月二九日、閣議決定（別掲）した。一一月五日からGHQ・民政局と法制局がその内容をめぐって折衝した。閣議で決まった内閣法案一条は「内閣は、内閣総理大臣及び国務大臣一六人以内をもって、これを組織する」で、それ以前の法案要綱にあった「首長たる内閣総理大臣」の「首長」が消えていた。

> 内閣法案
>
> **第一条**　内閣は、内閣総理大臣及び国務大臣一六人以内を以て、これを組織する。

第二条　各大臣は、別に法律の定めるところにより、主任の大臣として、行政事務を分担管理する。
　前項の規定は、行政事務を分担管理しない大臣の存するを妨げるものではない。
第三条　内閣がその職権を行ふのは、閣議によるものとする。
　閣議は、内閣総理大臣がこれを主宰する。
　各大臣は、案件の如何を問はず、内閣総理大臣に提出して、閣議を求めることができる。
第四条　内閣は、主任の大臣の間における職限についての疑義を裁定する。
第五条　内閣総理大臣は、行政各部の処分又は命令を中止せしめ、内閣の処置を待つことができる。
第六条　内閣総理大臣に事故のあるとき、又は内閣総理大臣が欠けたときは、その予め指定する国務大臣が、臨時に、内閣総理大臣の職務を行ふ。
第七条　主任の国務大臣に事故のあるとき、又は主任の国務大臣が欠けたときは、内閣総理大臣又はその指定する国務大臣が、臨時に、その主任の国務大臣の職務を行う。
第八条　内閣に、内閣官房及び法制局を置く。
　内閣官房は、閣議事項の整理その他内閣の庶務を掌る。
　法制局は、法律案、政令案及び条約案の審議立案その他法制一般に関することを掌する。

前二項の外、内閣官房及び法制局は、政令の定めるところにより、内閣の事務を助ける。
内閣官房及び法制局の組織は、別に法律の定めるところによる。

附則
この法律は、日本国憲法施行の日から、これ施行する。

明治時代の「内閣官制」一条に非常に似ていることに気づく。そして、主任の大臣の「分担管理の原則」と「閣議による職権行使」を書き込んだ。

ＧＨＱの修正要求は当然だった。要求は国会の政令審査権と首相の権限強化の二点だった。前者について、法制局は「政令制定は新憲法で内閣の権限として規定されている。国会がチェックするのは違憲になる」と解釈論で反論した。この論理は現在でも、政府見解である。

後者に関して、ＧＨＱの担当者は「これでは、首相は同等者中の首席にすぎず、内閣官制と変わらない」と指摘した。法制局は「強い首相は将来、独裁者を生む可能性を残す」と反論した。修正案では、「首長」を復活させたものの、合議制を意味する連帯責任も書き込んだ（別掲）。結局、「内閣総理大臣は閣議にかけて決定した方針に基づいて行政各部を指揮監督する」など、首相権限を一応は強化した妥協案が成案となった。

内閣法修正案

第一条　「首長たる」を内閣総理大臣の上に加へる。

第一条第二項　内閣は行政権の行使について、国会に対し連帯して責任を負ふ。

第三条第一項　内閣は憲法第七三条その他憲法に定める職権を行ふ。

第四条の二　内閣総理大臣は内閣を代表して法律案、予算案、その他の議案を国会に提出する。

第七条の二　政令には法律の委任がなければ、（国民に）義務を課し又は（国民の）権利を制限する規定を設けることができない。

第八条第三項中　「法律案、政令案及び条約案の審議立案」を「法律案及び政令案の審議立案並びに条約案の審議」に改める。

第八条第六項　前五項の外、内閣は別に法律の定めるところにより必要な部局を置き、内閣の事務を助けしめることができる。

しかし、ポイントである「首長」の意味、さらに内閣総理大臣と内閣の関係などは、現在まで曖昧のままである。

法制局の関係者は、それまでの「官制」の法律化を立法技術的に措置し、改革そのものを現状維持的にしようと試みたわけである。新憲法と官制の形式的整合性を図るとともに、新憲法を理念的レベルにとどめようとした意図は、かなり成果をあげたといえる。つまり、慣例、解釈の運用による裁量の余地を残すことになったからである。

法制局官僚の論理は、一九六四（昭和三九）年の第一次臨時行政調査会（佐藤喜一郎会長）の答申以来、その打破が何回も叫ばれたが、抜本的な改革には結びつかなかった。

ただ、法制局官僚も直線的にこうした論理に走ったわけではない。内閣法案について、ＧＨＱとの折衝にあたったのは、主に法制局第一部長だった井手成三だったが、近年、国立公文書館で公開された「井手文書」には、閣議決定は必ずしも全会一致とは限らない旨の想定問答が収容されている（別掲・囲み。第六条は内閣法案の最終案の条文を指すものとみられる）。

行政調査部時代の高辻正巳氏（のち内閣法制局長官）が、憲法の「首長たる内閣総理大臣」を「大統領的首相」とみて、法制、人事、予算各部局を統合した、首相の強力なスタッフである「大統領府」を構想したこともあった。

（注）内閣制度と行政組織の関係・経過については、岡田彰『現代日本官僚制の成立』（一九九四年、法政大学出版局）に多くを依拠した。内閣法案および修正内閣法案は、外務省公開文書Ａ―〇〇九一から。

次に、橋本内閣時代の行政改革会議の最終報告書と小渕内閣での実際の行革の進行をみてみよう。明治時代の慣習をひきずりながら、現代まで続き、そして行き詰まっている内閣・行政のシステムに風穴をあけようという試みだった。

昭和二十一年十一月、内閣法に関する想定問答、法制局（国立公文書館・井手文書・一四四四―一二五）

問・閣議は多数決か。

答・（法律以上の政治問題と思うが、）連帯責任の規定等に鑑み全員一致たるべきものと思う。反対の人は罷めるべきでなからうかと考えられます。

新しい内閣が成立して、全員一致で、今後の閣議の運用を多数決乃至一部の反対のあるときは総理の定めるところによる等の決定をなすことは勿論差支へない。

問・法案第六條で「閣議にかけて決定した方針に基いて」と規定したのは、憲法第七十二條の趣旨に反しないか。

答・反しない。一見憲法第七十二條において、総理は、内閣を代表して、行政各部を指揮監督するとあるのであって、本来総理の具体的職権は、一々閣議の決するところによるべきであるが、運用の實際を考えて、根本方針を閣議において定めるならば、之に基いて総理において、適切なる指揮監督を行ひ得べきことにしたのである。

（傍線は筆者）

行革会議最終報告と行革の進行

一九九七（平成九）年一二月三日、政府の行政改革会議が最終報告を発表した。九八年、報告をもとに作成された中央省庁等改革基本法が成立。九九年の第一四五通常国会では、内閣法、国家行政組織法各改正案、内閣府設置法案、独立行政法人通則法、各省設置法など一七法案が成立した。九九年秋に召集された第一四六臨時国会では、これら改正法の施行期日（二〇〇〇年一月六日、金融庁は二〇〇〇年七月に前倒しスタート）を決める施行法案、独立行政法人の個別法案など計六一法案が成立した。

まず、二〇〇一年行革のもととなった最終報告の内容を概括する。

報告は、「現在の肥大化、硬直化、制度疲労した戦後型行政システムを簡素、効率的、透明な組織に根本的に改める。

具体的には、①内閣、官邸機能の拡充・強化と中央省庁の行政目的別大くくり再編成②行政情報の公開と政策評価機能の向上③官民分担の徹底化による行政の簡素・効率化」を打ち出した。

理念としては「従来日本の国民が達成した成果を踏まえつつ、より自由かつ公正な社会の形成を目指して『この国のかたち』の再構築を図る」としている。

①を中心に具体的にとられた措置についてみてみよう。

〔改正内閣法〕　閣僚数は現在の二〇人以内を原則一四人に。必要ある場合は一七人まで▽首相が閣議で重要政策について基本方針を発議するできることを明文化する▽この基本方針については、内閣官房が企画立案、総合調整する▽首相補佐官の上限を三人から五人に増やす。

〔改正国家行政組織法〕 国の行政機関は、政策の企画立案にあたり、自らを評価するとともに相互を調整する▽副大臣は大臣の命を受けて、政策や政務にあたる。大臣不在のさいは、職務を代行する。政務官は大臣を助け、特定の政策テーマなどを処理する▽官房・局の数を現在の一二八から九六以内に減らす。

〔内閣府設置法〕 内閣府は内閣官房を助け、内閣の主要政策に関する企画立案・総合調整を行う▽特命担当相を置くことができる。金融庁と沖縄・北方対策は特命相があたる。

実際の改正内閣法と改正国家行政組織法の冒頭部分の条文は次の通りである。

改正内閣法　〔傍線部分は改正部分〕

改正	現行
第一条　内閣は、国民主義の理念にのっとり、日本国憲法第七十三条その他日本国憲法に定める職権を行う。 2　内閣は、行政権の行使について、全国民を代表する議員からなる国会に対し連帯して責任を	第一条　内閣は、日本国憲法第七十三条その他日本国憲法に定める職権を行う。

負う。
第二条　内閣は、国会の指名に基づいて任命された首長たる内閣総理大臣及び内閣総理大臣により任命された国務大臣をもつて、これを組織する。
2　前項の国務大臣の数は、十四人以内とする。ただし、特別に必要がある場合においては、三人を限度にその数を増加し、十七人以内とすることができる。
第四条　（略）
②　閣議は、内閣総理大臣がこれを主宰する。この場合において、内閣総理大臣は、内閣の重要政策に関する基本的な方針その他の案件を発議することができる。
③　（略）
第十二条　（略）
②　内閣官房は、次に掲げる事務をつかさどる。
一　閣議事項の整理その他内閣の庶務
二　内閣の重要政策に関する基本的な方針に関する企画及び立案並びに総合調整に関する事務

第二条　内閣は、首長たる内閣総理大臣及び二十人以内の国務大臣を以て、これを組織する。
②　内閣は、行政権の行使について、国会に対し連帯して責任を負う。
第四条　（略）
②　閣議は、内閣総理大臣がこれを主宰する。
③　（略）
第十二条　（略）
②　内閣官房は、閣議事項の整理その他内閣の庶務、閣議に係る重要事項に関する総合調整その他行政各部の施策に関するその統一保持上必要な総合調整及び内閣の重要政策に関する情報の収集調査に関する事務を掌る。

三　閣議に係る重要事項に関する企画及び立案並びに総合調整に関する事務

四　行政各部の施策の統一を図るために必要となる企画及び立案並びに総合調整に関する事務

五　前三号に掲げるもののほか、行政各部の施策に関するその統一保持上必要な企画及び立案並びに総合調整に関する事務

六　内閣の重要政策に関する情報の収集調査に関する事務

③・④　（略）

第十四条　（略）

2　内閣官房副長官の任免は、天皇がこれを認証する。

3　（略）

第十五条　（略）

第十六条　内閣官房副長官補三人を置く。

2　内閣官房副長官補は、内閣官房長官、内閣官房副長官及び内閣危機管理監を助け、命を受けて内閣官房の事務（第十二条第二項第一号に掲げるもの並びに内閣広報官及び内閣情報官の所掌に属するものを除く。）を掌理する。

---

③・④　（略）

第十四条　（略）

2　（略）

第十四条の二　（略）

3 前条第三項から第五項までの規定は、内閣官房副長官補について準用する。

第十七条 内閣官房に、内閣広報官一人を置く。

2 内閣広報官は、内閣官房長官、内閣官房副長官及び内閣危機管理監を助け、第十二条第二項第二号から第五号までに掲げる事務について必要な広報に関することを処理するほか、同項第二号から第五号までに掲げる事務のうち広報に関するものを掌理する。

3 第十五条第三項から第五項までの規定は、内閣広報官について準用する。

第十九条 内閣官房に、内閣総理大臣補佐官五人以内を置くことができる。

2・3 (略)

4 第十五条第三項及び第四項の規定は内閣総理大臣補佐官について、同条第五項の規定は常勤の内閣総理大臣補佐官について準用する。

第十四条の三 内閣官房に、内閣総理大臣補佐官三人以内を置くことができる。

2・3 (略)

4 前条第三項及び第四項の規定は内閣総理大臣補佐官について、同条第五項の規定は常勤の内閣総理大臣補佐官について準用する。

第十四条の四 内閣官房に、内閣参事官、内閣審議官、内閣調査官、内閣事務官その他所要の職員を置く。

2 内閣参事官は、命を受けて閣議事項の整理そ

第二十条　内閣官房に、内閣総理大臣に附属する秘書官並びに内閣総理大臣及び各省大臣以外の各国務大臣に附属する秘書官を置く。

2　前項の秘書官の定数は、政令で定める。

3　第一項の秘書官で、内閣総理大臣に附属する秘書官は、内閣総理大臣の、国務大臣に附属する秘書官は、国務大臣の命を受け、機密に関する事務をつかさどり、又は臨時に命を受け内閣官房その他関係各部局の事務の助ける。

第二十一条　内閣官房に、内閣事務官その他所要

の他内閣の庶務を掌る。

3　内閣審議官は、命を受けて閣議に係る重要事項に関する総合調整その他行政各部の施策に関するその統一保持上必要な総合調整に関する事務を掌る。

4　内閣調査官は、命を受けて内閣の重要政策に関する情報の収集調査に関する事務を掌る。

5　内閣事務官は、命を受けて内閣官房の事務を整理する。

6　内閣参事官、内閣審議官及び内閣調査官の定数は、政令で定める。

第十五条　内閣官房に内閣総理大臣に附属する秘書官三人並びに内閣総理大臣及び各省大臣以外の各国務大臣に附属する秘書官各一人を置く。

2　前項の秘書官で、内閣総理大臣に附属する秘書官は、内閣総理大臣の、国務大臣に附属する秘書官は、国務大臣の命を受け、機密に関する事務を掌り、又は臨時に命を受け内閣官房その他関係各部局の事務を助ける。

第十六条　削除

改正	現行
の職員を置く。 2　内閣事務官は、命を受けて内閣官房の事務を整理する。 第二十二条　（略） 第二十三条　（略）	第十七条　（略） 第十八条　（略）

改正国家行政組織法

（傍線部分は改正部分）

改正	現行
（目的） 第一条　この法律は、内閣の統轄の下における行政機関で内閣府以外のもの（以下「国の行政機関」という。）の組織の基準を定め、もって国の行政事務の能率的な遂行のために必要な国家行政組織を整えることを目的とする。	（総則） 第一条　この法律は、内閣の統轄の下における行政機関の組織の基準を定め、もつて国の行政事務の能率的な遂行のために必要な国家行政組織を整えることを目的とする。
（組織の構成） 第二条　国家行政組織は、内閣の統轄の下に、内閣府の組織とともに、任務及びこれを達成するため必要となる明確な範囲の所掌事務を有する行政機関の全体によつて、系統的に構成されな	第二条　国家行政組織は、内閣の統轄の下に、明確な範囲の所掌事務と権限を有する行政機関の全体によつて、系統的に構成されなければならない。

ければならない。
2　国の行政機関は、内閣の統轄の下に、その政策について、自ら評価し、企画及び立案を行い、並びに国の行政機関相互の調整を図るとともに、その相互の連絡を図り、すべて、一体として、行政機能を発揮するようにしなければならない。内閣府との政策についての調整及び連絡についても、同様とする。

（行政機関の設置、廃止、任務及び所掌事務）
第三条　（略）
2　行政組織のため置かれる国の行政機関は、省、委員会及び庁とし、その設置及び廃止は、別に法律の定めるところによる。
3　省は、内閣の統轄の下に行政事務をつかさどる機関として置かれるものとし、委員会及び庁は、省に、その外局として置かれるものとする。
4　第二項の国の行政機関として置かれるものは、

2　国の行政機関は、内閣の統轄のもとに、行政機関相互の連絡を図り、すべて、一体として、行政機能を発揮するようにしなければならない。

（行政機関の設置、廃止、所掌事務等）
第三条　（略）
2　行政組織のため置かれる国の行政機関は、府、省、委員会及び庁とし、その設置及び廃止は、別に法律の定めるところによる。
3　府及び省は、内閣の統轄の下に行政事務をつかさどる機関として置かれるものとし、委員会及び庁は、府又は省に、その外局として置かれるものとする。ただし、委員会及び庁は、特に必要がある場合においては、法律で国務大臣をもつてその長に充てることと定められている委員会又は庁に置くことができる。
4　第二項の行政機関として置かれるものは、別別表第一にこれを掲げる。

第四条　前条の国の行政機関の任務及びこれを達成するため必要となる所掌事務の範囲は、別に法律でこれを定める。

（行政機関の長）

第五条　各省の長は、それぞれ各省大臣とし、内閣法（昭和二十二年法律第五号）にいう主任の大臣として、それぞれ行政事務を分担管理する。

（以下略）


表第一にこれを掲げる。

第四条　前条の行政機関の所掌事務の範囲及び権限は、別に法律でこれを定める。

（行政機関の長）

第五条　総理府及び各省の長は、それぞれ内閣総理大臣及び各省大臣（以下各大臣と総称する。）とし、内閣法（昭和二十二年法律第五号）にいう主任の大臣として、それぞれ行政事務を分担管理する。

（以下略）

分担管理と直接指示権は手つかず

内閣法改正では、四条に首相の基本方針発議権を明文化した。ひとつの目玉になっている。最終報告でも、首相の指導性の強化策として、内閣法に明記するよう求めていた。

行革会議では、最終案をまとめるにあたって、行革会議委員と官僚の間で駆け引きや応酬があった。委員のなかからは、四条の改正だけでなく、六条（行政各部の指揮監督）「内閣総理大臣は、閣議にかけて決定した方針に基いて、行政各部を指揮監督する」を改正して、首相が緊急時には、閣議を経ずに関係省庁を直接に指揮監督できるように「行政機関直接指示権」を認めるべきだ、という声も強かった。

報告には、六条の「弾力的運用」が盛り込まれた。この段階で、六条改正は見送られたことになったわけだ。六条改正は、法体系や現在の運用を大きく変えるものだけに、官僚の抵抗は強かった。この壁が破れなかったことは、今回行革の限界を示している。

さらに閣議の全会一致を改め、多数決の採用を求める意見も強く、最終報告には、「閣議の議決方法については、本来、内閣自ら定めるものである。この場合、必要とあれば、合意形成のプロセスとして多数決の採用も考慮すべき」と書き込まれた。

縄張り争いを助長している「分担管理原則」に関しては、報告の「行政改革の理念と目標」のなかで、「国家目標が単純で、社会全体の資源が拡大し続ける局面においては、確かに効率的な行政システムであった」と指摘、すでに時代にそぐわない制度になったことを強調している。

そのうえで「しかしながら、限られた資源のなかで、国家として多様な価値を追求せざるを得ない状況下においては、もはや、価値選択のない『理念なき配分』や行政各部への包括的な政策委任では、内外環境に即応した政策展開は期待し得ず、旧来型行政は、縦割りの弊害や官僚組織の自己増殖・肥大化のなかで深刻な機能障害を来しているといっても過言ではない」と言い切っている。

しかしながら、改正内閣法は四条を手直ししたものの、三条（行政事務の分担管理）「① 各大臣は、別に法律の定めるところにより、主任の大臣として、行政事務を分担管理する」と六条は手つかずのままである。

ロッキード事件丸紅ルート最高裁大法廷判決

最高裁は、一九九五（平成七）年二月二二日、首相の職務権限に関する初めての判断を示した。政府見解と同じ、一、二審の事前閣議要件に関する伝統的な厳格解釈をしりぞけ、緩和解釈を採用した。

憲法・内閣法の諸規定に示された内閣総理大臣の地位・権限から「閣議にかけて決定した方針が存在しない場合でも…内閣の明示の意思に反しない限り、行政各部に対し、随時、その所掌事務について一定の方向で処理するよう指導助言の指示を与える権限を有する」とした。

内閣法六条による「閣議で決定した方針に基づく指揮監督」をとらず、総理大臣の幅広い一般指示権を職務権限に属する、としている。

さらに共同補足意見では「内閣法第六条に基づく閣議で決定した方針がない場合でも、六条による指揮監督権限の行使ができないというにとどまり、首相の憲法上の指揮監督権限のすべてが失われるものではなく、『指示する権限』は、なんら影響を受けずに存続する。この権限は賄賂罪の適用に当たっては、その対象となる内閣総理大臣の一般的職務権限に該当する」と断言している。

つまり、首相の指揮監督権は、憲法七二条に基づくもので、それは閣議決定によって発生するものではなく、内閣法六条の定めるところに限定されない旨を明確にしたわけだ。

閣議で決定した方針だけによって、首相が職務権限を行使できるという政府の厳格解釈は、最高裁によって否定されたのである。政府が見解を変えたという話は聞かないが、論理的な勝負はついているのである。

政府は内閣法六条の改正には応じなかった。しかし、一九九七（平成九）年の行革会議最終報告書に「弾力的運用」を書き込むことを了承せざるを得なかった背景はあったのである。

首相の発議権

四条の基本方針発議権にしても、内閣の「首長」である首相にその権限があるのは当たり前なのである。官僚にとってみれば、「当たり前」であるからこそ、法律の明文化に応じた面があったといってもいいのではないか。

一条には、「国民主権」を盛り込んだ。内閣の国政上の位置付けをはっきりさせたという。国民主権は、国会にも司法にもかかる、憲法全体の基本原理である。法律のひとつである内閣法に入れたことには、筆者はむしろ違和感を覚える。

重要ではあるが、理念的なものをポーズとして書き込んだのであって、統治機構の改革にかかわる肝心の点を無視・黙殺した精神的代償のような気がする。

閣議の決定法は、「井手文書」や最終報告にあるように、内閣が主体的に決めるものだ。

ただし、閣議の多数決は危険な一面をはらんでいる。採決した結果、首相の発議が負けることもあり得るからだ。与党基盤の弱い政治家が首相になった場合は可能性がある。

たとえば、田中角栄内閣総辞職を受け、一九七四（昭和四九）年暮れに発足した三木武夫内閣では、こうした事態が起こり得たのではないか。自民党内には「三木おろし」の挙党協が絶対多数で結成されており、閣僚の四分の三は反主流派だった。

仮に三木首相が重要政策の基本方針を発議しても、政局絡みで否決されたことは十分、予想できる。首相の指導力を強化する狙いなら、内閣の意見が割れるような案件または緊急時の対応については、首相の判断が内閣全体の決定事項になるように改めた方がよい。

首相の発議権

内閣法に明記することが望ましいが、内閣が発足したのちの初閣議で、「緊急時の内閣の最終判断は、首相が決断・決定する」旨を閣議決定しておけばよい。運用で可能になる。

多数決を取り入れた場合、首相は採決に加わるのか、どうか。加わるとすれば、内閣の首長である首相も一票、一般閣僚も一票となるだろう。首相と閣僚が対等の関係になる。首相の内閣における優位性は明白であるから、これは理屈からいってもおかしい。

筆者個人としては、緊急案件については閣議にかけるまでもなく、首相の判断を内閣の決定にすることは許されると思う。むろん、国会の事前または事後の承認は必要である。歴代首相は、通常国会の場合は施政方針演説、臨時国会なら所信表明演説を衆参両院の本会議で行う。いずれも国会召集の冒頭に演説することが慣例になっている。

両演説は閣議決定を経ることになっている。内閣で閣議決定した国政の基本方針を国民代表である国会議員で構成する国権の最高機関・国会を通じ、国民に訴えるのである。

施政方針や所信表明は、国政の基本方針と運営指針を明らかにするものだ。閣議決定を経て、国会で表明した方針は、すでに内閣の国政運営の考え方として公認されている。その枠内の政策判断は首相が責任をもって判断すればよい。行き過ぎがあれば、国会がチェックするのである。

前記の最高裁判決の意味もここにあるではないか。

内外の政治・経済状況の変化に伴う政策修正があれば、そのさいは政府部内で再検討し、対処方針を決め、国民に説明する。

行政改革には、明治以来の慣例や法解釈の呪縛にとらわれず、迅速・効率的な国政運営ができるようにすることが求められている。

だが、「分担管理原則」や「閣議万能主義」の壁に十分の風穴があいたとはいえない。政府の中央省庁等改革推進本部も「制度自体が変わるわけではない」としている。内閣と行政の仕組みを本質的には変化させないという、官僚の意思を感じる。

指揮、補佐機構の整備

評価できる点はどこか。

首相⇩内閣官房⇩内閣府といったラインが明確になり、首相を補佐する体制が整備されたことだろう。首相の迅速な決断が大切なことはいうまでもないが、その前提として、正確な情報収集と具体策実行にあたっての手足となるスタッフの存在は不可欠だからだ。

改正内閣法の一二条二項の二には、「内閣の重要政策に関する基本的な方針に関する企画及び立案並びに総合調整に関する事務」が書き込まれた。

三には「閣議に係る重要事項に関する」、四には「行政各部の施策の統一を図るために必要となる」企画・立案と総合調整が所管事項として明記された。

この改正が現実的には、一番大きいと思う。

これまで、内閣官房には、各省庁が対立した場合、消極的な調整権しかなかった。この改正で積極的な調整権が生まれるはずだ。省庁数が減った分だけ国土交通省のような巨大省が誕生する。権限が拡大するだけに、他省との調整が難航することも予想される。

がっちりした調整組織が必要で、この任務を内閣官房が担うことになる。

首相が重要政策について基本方針を発議し、その企画・立案と省庁間調整に内閣官房があたる図式が明確化した。内閣官房は、官房長官の下に官房副長官三人が配置され、そのもとに官房副長官補三人がつく。首相補佐官は現在の三人から五人に増員される。これらは首相の直接選任ポストだ。

さらに内閣官房を助ける組織として内閣府が置かれる。内閣府構想は、権限などが全く同じではないが、三六年前の一九六四（昭和三九）年、第一次臨時行政調査会（第一臨調、佐藤喜一郎会長）の答申中、「内閣機能に関する改革意見」のなかで提案されていた。

内閣府の主任の大臣は、内閣総理大臣である。事務を担当する閣僚は、内閣官房長官で、特命担当大臣のほか、三人の副大臣と政務官三人が置かれる。国家行政組織法の枠外に置かれ、各省庁と横並びではなく、一段高い内閣補佐機構として位置付けられた。

内閣府のなかで、特に重要な組織は、「経済財政諮問会議」だ。首相の諮問に応じて、経済全般の運営の基本方針、財政運営、予算編成の基本方針に関する重要事項を調査審議する。メンバーは議長をつとめる首相のほか一〇人。関係国務大臣や民間の有識者から選任される。任期は二年。

調査審議した結果については、首相はじめ関係閣僚に意見を述べることになっている。予算を実際に編成するのは、大蔵省が衣替えした財務省だが、編成にあたって、同会議の意見がどこまで反映されるのか、不分明な点もある。

その時々の政権の安定度や各省との力関係、さらには運用面で答えが出ることになろう。

指示と指揮監督の違い

国家行政組織上、首相の地位と役割を考えるために、頭の整理をしておきたい。新聞やテレビをみると、よく「首相が〇〇に××を指示した」という表現が登場する。

この「指示」と憲法七二条や内閣法六条にある「指揮監督」とは、どう違うのか。ロ事件の最高裁判決を思い出してほしい。

「指示」とは、首相が内閣の首長としての地位（憲法六六条一項）、優越性に基づいて、他の国務大臣に出す指導、要望、助言、注意、警告、叱責などで、その範囲は広範である。

首相の指導力の発揮、政治的合議体としての内閣の統一性保持のためには、こうした指導、助言が欠かせない。首長としての法的地位から、当然に許容される性格のものと考えられるわけだ。憲法全体の構造と照合すれば、そうした解釈になるのは必然である。

指示とは首相の首長としての憲法上の由来による。従って、法律による授権は不要で、内閣による授権も法的には不要である。

最高裁はロッキード事件丸紅ルートの判決にあたって、こうした考え方を採用したものとみられる。

指示は公的性格を持ち、現実的には、大臣や各省庁に対する影響力になっている。しかし、憲法はもちろん、内閣法にも明文規定はないので、官僚に法的服従義務はない。首相の指導力は、その実態として個人的資質、支持率、党内基盤の強弱などにかかっている。弱ければ、大臣、官僚は面従腹背となる。

指示と指揮監督の違い

「指示」に従うかどうかは、その時々の力関係で決まる。ただし、「指示」が、広い意味で首相の職務権限に含まれることは、最高裁判決で明らかになった。

「指揮監督」は、憲法七二条「行政各部を指揮監督する」を援用した、内閣法六条「閣議にかけて決定した方針に基づいて、行政各部を指揮監督する」であり、この明文規定により、法的根拠がはっきりしている。したがって、官僚はこれには法的に従う義務がある。

こうした論理を厳格にその見解としているのが、政府解釈である。その解釈によれば、首相が閣議決定していない方針で、さらに担当閣僚を飛び越えて事務方を指揮監督するのは、憲法さらには内閣法違反の疑いがあるとされる。

このように、「指示」と「指揮監督」とは、本来、法的根拠が別なのである。むろん、マスコミ用語で使用される「指示」には、「指揮監督」が入っていることはあり得る。閣議で決まった方針に基づいて、首相が閣僚に具体策を早急につくるように求めれば、それは「指揮監督」になる。

もっとも、こうした違いは、あまり理解されていないようだ。橋本龍太郎氏が現職首相のさい、こんな例があった。

一九九七年七月の行革会議の会合に遅れて出席した橋本首相は、東京湾の大型タンカー座礁・原油漏れ事故の対策に手間取ったことが遅刻の原因だったことを説明した。そのうえで、「私は、いま、あらゆる違法行為をしてきました」と強調した。

この事故に先立つ一月、日本海で座礁したロシア船籍タンカーの重油漏れ事故では、対策が後手に回り、沿岸に押し寄せた重油の被害を食い止められなかった。このケースを反省して、関係省庁の担当者に対策を直接指示したことを言いたかったようだ。

つまり、閣議で決定していないにもかかわらず、大臣を飛び越えて事務方に指示したことが、政府見解からいえば、違法になると考えたわけだ。しかし、それが「指揮監督」にあたるのなら、いまの政府の解釈上は許されないが、これは首相としての一般的な「指示」なのである。違憲でも違法でもない。首相でさえ意味を取り違えるのであるから、マスコミが混同しても無理がないともいえる。

行革会議では、内閣法六条の「閣議にかけて決定した方針に基づいて」では、緊急時に対応できないとして、手直しの議論がたたかわされていたから、首相もことさらに強調したかったようだ。もっとも、前述したように、官僚の抵抗で、この条文改正は実現しなかった。

閣議の運用と例外

行政改革会議は、一九九七（平成九）年五月、「内閣の危機管理機能の強化に関する意見集約」をまとめ、このなかで、政府に対し、「突発的な事態の態様に応じた対処の基本方針についてあらかじめ所要の閣議決定をしておき、総理大臣が迅速に行政各部を指揮監督できるようにすること」を申し入れた。

政府は一九九八（平成一〇）年四月、「重大テロ事件等発生時の政府の初動措置について」を閣議決定。緊急事態発生時の対応を決める閣議については、柔軟な措置ですむようマニュアルを申し合わせた。

「政府としての判断が緊急に必要であり、かつ国務大臣全員が参集しての速やかな臨時閣議の開催が困難な場合には、内閣総理大臣の主宰により、電話等により各国務大臣の了解を得て、閣議決定を行う。この場合、連絡のとれなかった国務大臣に対し、事後速やかに連絡を行う」。

そして、テロ事件以外の重大事件についても、この方針を準用することを決めた。こうした措置は、民間会社なら当たり前のことだ。政府の意思決定がいかに形式化しているかを改めて、浮き彫りにしたといえよう。

一九九九年三月二三日、北朝鮮の不審船の領海侵犯に対し、小渕首相は、自衛隊発足後初の海上警備行動の発動を承認した。発動にあたって閣議決定をしたことになってはいたが、手続は前記マニュアルに沿って行われた。

翌日になって「何の連絡もなかった」と文句をいった閣僚がいたが、いやしくも閣僚が、その連絡先も分からず、行方不明状態になっている方が非難されるべきだ。

これに先立つ一九九六（平成八）年一二月二四日の閣議で、政府は外国潜水艦が、わが国の領海や河川、港湾といった内水で潜没航行していたさいは、閣議決定なしに自衛隊が浮上・退去要求できるように決めた。「閣議なしで行動ができる」旨を閣議決定しておけば、迅速な対応ができるように考えた、運営上の一種の便法である。

内閣発足後の初閣議で、首相の判断を内閣全体の決定にする、という事前の閣議決定をしておく方法は、これに準拠したものだ。潜水艦対策のように、特定の案件では、実例はすでに存在するのである。

侵入潜水艦を退去させるにあたって、発砲などはできない。領海は、領土、領海の侵犯とは国際法上の扱いが異なる。領海では船舶の無害通航権が認められている。厄介なのは軍艦の無害通航権で、各国で解釈が分かれている。わが国はこれを認める立場をとっている。だから、退去・浮上の要求ができるだけだ。

わが国の法体系のなかで、首相が閣議にかけず、指揮監督できる例外はある。

まず、自衛隊法七六条の防衛出動のさいである。首相は外部からの武力攻撃に対して、わが国を守るため必要と判断したときは、自衛隊の全部または一部の出動を命じることができる。事前、事後の国会承認は必要である。

次が警察法七一、七二条の緊急事態の布告のケースである。首相は大災害や騒乱にさいし、治安の維持のため必要があると判断したときは、国家公安委員会の勧告により、全国または一部地域に緊急事態の布告を出すことができる。

首相は、一時的に警察を統制し、警察庁長官を直接に指揮監督できる。

災害対策基本法一〇五条では、大災害が発生した場合、首相が災害緊急事態の布告をすることができる旨を規定している。ただし、こちらは閣議決定が必要だ。

これら法律の関係条文による首相の権限が、これまでに発動されたことはない。大災害が発生した場合、警察法と災害対策基本法のいずれが優先するのか、内容的に詰められたという話も聞いたことがない。

各国憲法における首相権限

ドイツ連邦共和国憲法

第六五条（連邦政府の権限）連邦首相は、政治の方針を決定し、かつその責任を負う。この方針の範囲内において、各連邦大臣は、独立してかつ自己の責任において、所管の事務を指揮する。連邦大臣間の意見の相違については、連邦政府が決定する。連邦首相は、連邦政府によって決定されかつ連邦大統領によって認可される事務処理規則に従って、事務を指揮する。

フランス共和国憲法

第二一条（首相の権限）　1　首相は政府の活動を統率する。首相は国防について責任を負う。首相は法律の執行を確保する。第一三条の規定の留保のもとに、首相は規則制定権を行使し、

文官および武官を任命する。（2、3、4略）

イタリア共和国憲法

第九五条（内閣総理大臣の権限、大臣の責任および各省の組織）1 内閣総理大臣は、政府の一般政策を指揮し、その責任を負う。内閣総理大臣は、各大臣の活動を促進および調整して、政治上および行政上の方針の統一を維持する。（2、3略）

（『世界の憲法集・第二版』阿部照哉・畑博行編、一九九八年、有信堂）

一府一二省体制へ

省庁をどのように再編するかについては、さまざまな考え方がある。結局は別表のような組織図となった。新たに内閣府と四つの統合省が誕生する。統合省は、総務省、文化科学省、厚生労働省、国土交通省である。

関係省庁、族議員、利益団体などがスッタモンダしたあげくに落ち着いた再編図だが、ベストのものかどうかは議論の余地がある。

たとえば、総務省だ。自治省と総務庁が合併してできることになっていた。土壇場で行き場所がなくなった郵政省が紛れ込んだ。その結果、総務省の性格は、かなり曖昧になった。

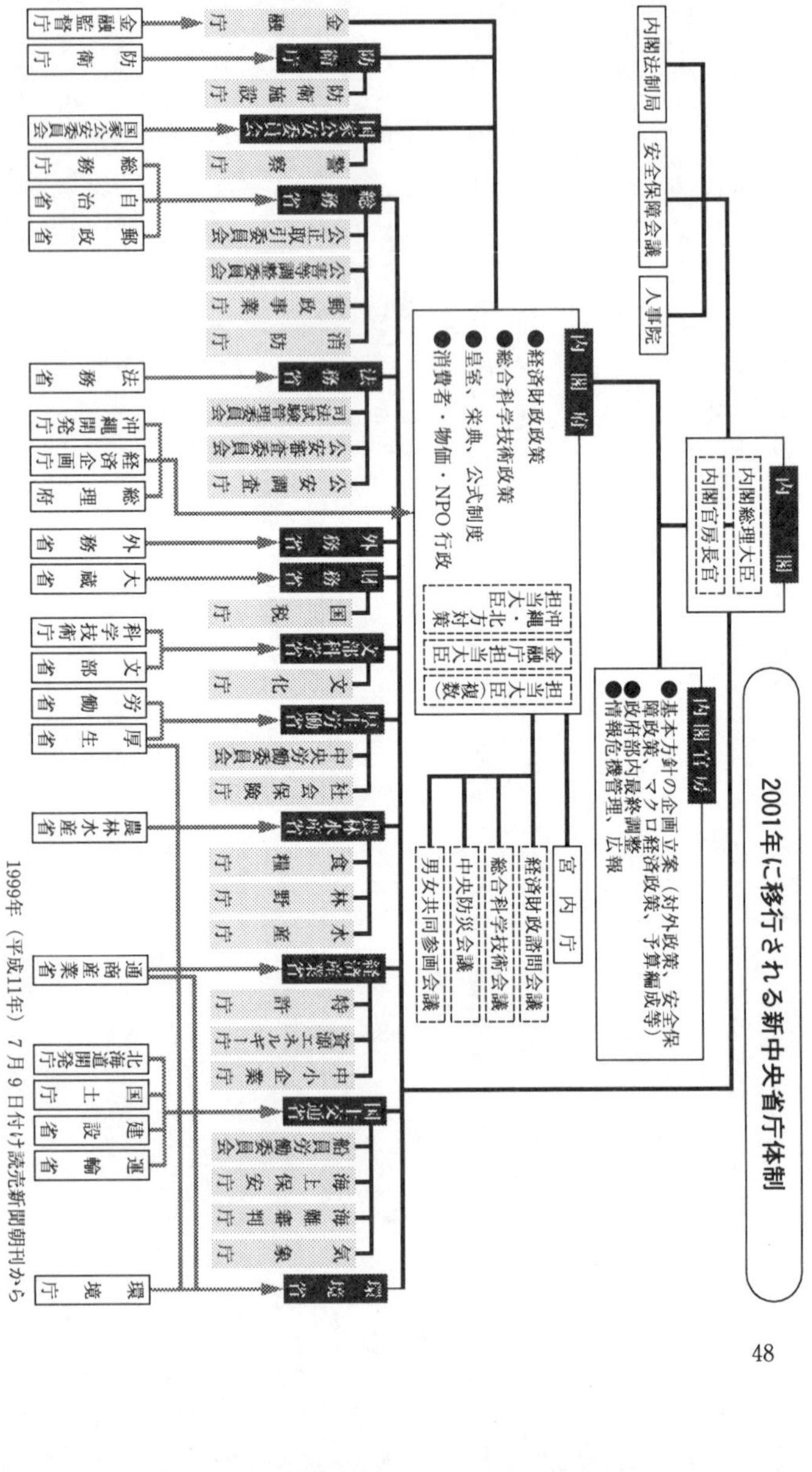
2001年に移行される新中央省庁体制
内閣
内閣総理大臣
内閣官房長官
内閣法制局
安全保障会議
人事院
内閣官房
●基本方針の企画立案（対外政策、安全保障政策、マクロ経済政策、予算編成等）
●政府部内調整
●情報危機管理、広報
内閣府
●経済財政政策
●総合科学技術政策
●皇室、栄典、公式制度
●消費者・物価・NPO行政
沖縄・北方対策担当大臣
金融庁担当大臣
担当大臣（複数）
宮内庁
経済財政諮問会議
総合科学技術会議
中央防災会議
男女共同参画会議
金融庁
防衛庁
防衛施設庁
国家公安委員会
警察庁
総務省
公正取引委員会
公害等調整委員会
郵政事業庁
消防庁
法務省
司法試験管理委員会
公安審査委員会
公安調査庁
外務省
財務省
国税庁
文部科学省
文化庁
厚生労働省
中央労働委員会
社会保険庁
農林水産省
食糧庁
林野庁
水産庁
経済産業省
特許庁
資源エネルギー庁
中小企業庁
国土交通省
船員労働委員会
海上保安庁
海難審判庁
気象庁
環境省
金融監督庁
防衛庁
国家公安委員会
総務庁
自治省
郵政省
法務省
沖縄開発庁
経済企画庁
総理府
外務省
大蔵省
科学技術庁
文部省
労働省
厚生省
農林水産省
通商産業省
北海道開発庁
国土庁
建設省
運輸省
環境庁
1999年（平成11年）7月9日付け読売新聞朝刊から

役所の数は減ったが、巨大省ができただけ、といった結果に終わる危惧もある。再編にあたっては、国、地方、民間の役割分担がきちんと議論されるべきだった。地方や民間に移譲する権限をはっきりさせておけば、残った分を担当する中央省庁はスリムになることが可能になる。

この役割分担の議論が十分だったとは言えない。各省庁とも、各自の権限温存に動いた感は否めない。

政府もこうした指摘は気になるらしい。国家公務員の数を二〇〇〇年度から一〇年間で二五%減らすことを約束した。現在の国家公務員は約一一〇万人。自衛隊を除くと、八五万人。二〇〇四年に郵政公社に経営形態が移行する予定の郵便局員約三〇万人を除くと、五五万人である。

この五五万人が二五%カットの基数となる。その二五%は、一三万七五〇〇人である。うち、一〇%は、これまでの定員削減計画で減らすことになっているので、臨時の措置による削減人数は一五%にあたる八万二五〇〇人という計算になる。

このなかには、独立行政法人化する八九機関・事務の七万三〇〇〇人が含まれる。ただし、この七万三〇〇〇人のうち、国家公務員の身分をもつ公務員型が七万二二〇〇人で、非公務員型は八〇〇人だけだ。これに現在、独立行政法人化を検討中の国立大学職員を加えれば、目標は達成できるというのだが、何か釈然としない。

一府一二省体制へ

国家公務員の身分をもつのに、なぜリストラの人員に入るのだろうか。そのうえ、独立法人の定員は、業績をみて法人の長が決めることになっている。国家公務員とは別の定員管理になるのである。そうなると、行政法人の人員が何人になるのか、現時点ではだれも分からない。

幻とまでは言わないが、かなりファジーな計画であることは間違いない。

二〇〇一年行革では、中央省の官房・局を一二八から九六に、課・室も一一六六を九九七にそれぞれ減らすことになっている。

当然、役人のポストは減るわけだが、局長分掌職などラインに入らないスタッフの人数は増えるから、差し引きどうなるのか、こちらもはっきりしない。

自己評価はできる?

役所が自己の業績を採点する「政策評価制度」も二〇〇一年から導入される。いったん予算がつけば、何年も計画を変えない大型公共事業などにつぎ込まれる予算のムダをチェックする狙いだ。役所の体質そのものに対する批判にこたえようという試みである。

自己点検では、不十分なケースがかなり予想される。総務省は、政府全体の観点から横断的に評価する必要があるもの、省庁の評価に関して、さらに客観的にチェックする必要があるものを取り上げる。関係省庁と総務省の二本立て評価の仕組みになっている。

総務省設置法六条によれば、総務大臣は、評価の結果について、関係行政機関の長に勧告することができる。同条3によれば、調査される役所は、調査を拒んではならない、とされている。

同条6では「勧告に基づいてとった措置の報告を求めることができる」。さらに同条7では「行政評価等の結果、行政運営の改善を図るため特に必要があると認めたときは、内閣総理大臣に対し、行政運営の改善について内閣法六条の規定による措置がとられるよう意見具申するものとする」と規定した。

内閣法六条は、首相の行政各部に対する指揮監督である。首相に指揮監督されれば、関係行政機関は法的に従わなければならない。「指揮監督」の意味についてはすでに説明した。

これまでの総務庁の行政監察とは異なり、首相と総務大臣にやる気があれば、相当程度の改善策が求められるシステムになっている。

機能するかどうかは、これも首相のリーダーシップにかかっている。


（加藤孔昭）

二院制を考える——参院改革を中心に——

制度と政治状況

わが国の国会は、衆議院と参議院で構成される二院制である。世界各国をみると、一院制が多い。二院制と一院制の比率は、おおまかにいって一対二の見当である。

ただ、英、米、独、仏、伊など主要国には、二院制を採用しているケースが多い。二院の形態や議員の選出法は、各国の歴史、伝統、社会・産業構造などに応じてさまざまである。二院制は、政治には安定とバランスが必要とする経験則によるものであろうか（各国の二院制議会制度の比較・別表参照）。独については、連邦議会と連邦参議院があるが、連邦参議院の議員は、選挙ではなく、州政府が任命する。議決にあたっては州政府の指令に拘束される。

両組織の性格からみて、二つの院で一つの議会を構成しているとはいえないとして、一院制という見解もある。二つの合議体が立法にかかわっていることは事実なので、二院制という見方もできる。

小論では二院制説を採用する。

わが国の場合、参院には、衆院に対する均衡、補完、抑制機能が期待されている。その役割は十分、発揮されているとはいえない。衆院のカーボン・コピーといわれて久しい。参院無用論がくすぶり続けているのもこのためだ。九八年七月の参院選で自民党が敗北、衆参与野党逆転の「ねじれ現象」が定着化した。

法案は基本的に衆参両院で可決しないと成立しない。自・自・公連立政権は、参院で過半数を持たない自民党が、参院で過半数を維持するために公明党の協力を不可欠としたことから出発した。

衆院選も参院選もその結果は民意によるものだ。それぞれの結果を尊重しなければならないのは当然である。反面、参院の政党勢力比が、現実の政治を動かしているという政治状況が生まれている。

衆参とも選挙は政党中心に運動が実施され、とくに衆院選は、小選挙区比例代表並立制になって、いまや政権選択の選挙だ。総選挙で過半数を制した政党、勢力から首相が選ばれ、内閣を組織する。憲法六七条二項の規定により、首相の指名で衆参別々の議決になった場合は、衆院の議決が優先する。

政治判断は別として、参院選で政権与党が敗北しても、内閣は総辞職する必要はない。

総選挙の結果が政権選択への民意なのである。制度的にも総選挙で示された民意と参院選で示された民意には差があるはずだ。衆院議員の任期は四年だが、解散がある。実質的な任期は三年弱だろう。参院議員の任期は六年と長いが、解散がない。ただし、三年ごとに半数が改選される。

日本の議会制度比較

（国立国会図書館政治議会課作成から抜すい。）

フランス		ドイツ		日本	
下院	上院	連邦議会	連邦参議院	衆議院	参議院
577人 5年 （解散あり）	321人 9年 3年毎に3分の1改選	656人 4年 （超過議席が生じる場合あり。現議員数669） （解散あり）	69人 任期不定 （各州が任命）	480人 （公選法4） 4年（憲法45） 解散あり （憲法7、69）	252人 （公選法4） 6年（憲法46） 3年毎に2分の1改選 （憲法46）
小選挙区二回投票制 被選挙権　23歳 選挙権　18歳	県を単位とする、全下院議員・県会議員と市町村議会議員代表による間接選挙 被選挙権　35歳 選挙権　18歳	小選挙区比例代表併用制 被選挙権　18歳 選挙権　18歳	各州政府代表（首相その他の閣僚3～6人）により構成	小選挙区比例代表並立制 比例区　180人 選挙区　300人 （公選法4） 被選挙権　25歳 （公選法10） 選挙権　20歳 （公選法9）	比例区　100人 選挙区　152人 （公選法4） 被選挙権　30歳 （公選法10） 選挙権　20歳 （公選法9）
○予算法案の先議権 ○両院協議会を開いても両院の意見が一致しない法案の再議決権 ○内閣不信任決議権 ○臨時会召集要求権		○全法案の先議権 ○連邦参議院の同意を要しない法案の再議決権 ○連邦首相不信任決議権	○連邦参議院の同意を要する法律の拒否権 ○連邦政府提出法案に対する意見表明権（連邦議会への提出前） ○立法緊急状態	○予算の先議権及び自然成立（30日）（憲法60） ○法律案の再議決（憲法59） ○条約の自然承認（30日）（憲法60、61） ○内閣総理大臣指名議決の優先（憲法67） ○内閣不信任決議権（憲法69） ○会期の議決優先（国会法13）	○緊急集会（憲法54）
○原則として両院間を往復 ○両院協議会（政府にのみ招集要求権有り） ○下院による法案の最終議決（政府にのみ要求権有り）		○両院協議会 ○連邦参議院の同意を要する法律に対する連邦参議院の拒否→不成立 ○連邦参議院の同意を要しない法律に対する連邦参議院の異議→連邦議会の再議決→成立		○両院協議会（憲法59―61、67、国会法84―98） ○衆議院の法案再議決（憲法59） ○衆議院の内閣総理大臣の指名、予算、条約及び会期の議決の優先（憲法60、61、67、国会法13）	
なし （議案は議会期中継続する。なお、上院には議会期の観念がなく、議案は原則としていつまでも継続する）		なし （会期制度がなく、議案は議会期中継続する）	なし （職務期の終了は議案に影響を及ぼさない）	あり （国会法68） ただし閉会中審査制あり （国会法47）	
○首相（政府提出法案） ○上下両院議員（但し、歳入の減少または歳出の増加を伴う法案は受理されないなどの制約あり。）		○連邦政府 ○連邦議会議員（但し、会派または会派結成に必要な議員数、34人以上、の署名を要する） ○連邦参議院（←各州）		○内閣（憲法72、内閣法5） ○両院の議員（但し、通常の法案の場合は衆議院20人以上、参議院10人以上、予算を伴う法案の場合は衆議院50人以上、参議院20人以上の賛成者が必要）（国会法56）	

米．英．仏．独および

国名 事項	アメリカ		イギリス	
	下　院	上　院	下　院	上　院
定数 任期 （解散）	435人 2年 （解散なし）	100人 6年 2年毎に3分の1改選	659人 5年 （解散あり）	定数なし 世襲または終身貴族 1999年5月現在1163人
選挙制度の概要	小選挙区制 被選挙権　25歳 選挙権　18歳	各州を単位とする小選挙区制 被選挙権　30歳 選挙権　18歳	小選挙区制 被選挙権　21歳 選挙権　18歳	成年に達した貴族で構成（王族、宗教貴族、一般貴族及び法官貴族）
両院の権限の差異	○歳入法案及び歳出予算法案の先議権 （弾劾訴追権）	○条約締結承認権 ○官吏任命同意権 （弾劾審判権）	○金銭法案の先議権 ○金銭法案の再議決権（上院送付後1ヶ月） ○その他の法案の二会期連続可決権 （前回可決後1年） ○内閣不信任決議権	○金銭法案の否決権 （修正権なし） ○法案の成立引き延ばし権（金銭法案は1ヶ月、その他は1年） ○国の最高裁判所
両院関係 （議決が一致しない場合）	両院協議会		○原則として両院間を往復 ○下院による金銭法案の再議決又はその他の法案の二会期連続可決により下院の議決が優先	
会期不継続の原則	なし （議案は会期を超えて継続するが、議会期を超えて継続しない）		あり （議案は閉会により消滅する）	
法案提出権	○上下両院議員のみ 但し，大統領には教書による立法勧告権がある。また、政府各省庁は所管委員会の委員長あるいは少数党筆頭委員等に法案の提出を依頼する。		○上下両院議員のみ ・政府提出法案一閣僚等の政府の管轄にある議員がその肩書きを付して提出した法案 ・一般議員提出法案一政府の官職に就いていない議員が提出した法案	

衆院と参院では、民意からの距離が異なる。衆院選で示された民意は、参院選で示された民意より国民に近い。政権選択の総選挙でできた内閣を、第二院である参院が拘束しているのならば、システム的におかしい。現行憲法が想定していなかった状況ではないか。

しかし、政治は「現実対応」のものだ。小渕恵三氏以外の人が首相になったとしても「連立」という同じような選択をせざるを得なかっただろう。政治状況と選挙制度も含めた統治機構のシステムが絡み合っているところに参院改革を考える難しさがある。

この絡み合いをほどきながら、参院に本来の機能をもたせるには、どのような改革が考えられるか。それがこの小論の狙いである。憲法改正にまで踏み込んだ提案をしてみたい。

二院制の国で、第二院も直接公選で議員を選ぶ国は意外に少ない。日本のほか、アメリカ、オーストラリアくらいではないか。第二院には任命制、間接選挙などを採用している国が多い。二院制導入の経過については、このあと述べる。

衆参両院議員とも直接公選で選ぶのだから、双方の権限にあまり多くの差をつけるのは原理的にみて整合性がない、という意見もある。

筆者は両院の性格が異なっている以上、権限に差があっても構わないと考える。後述する改革提言はこうした認識に基づいている。

いまの衆参両院でも、衆院優位は明瞭だ。首相指名のほか、予算、条約、法案について、それぞれ憲法で衆院の優越が規定されている。

問題はどのような形で参院に権威をもたせ、衆院とは異なった独自性を発揮できるようにするかである。

参院の在り方については、国会だけでなく、内閣、政党の機能とともに論じられなければならない。これらは統治機構のなかで密接に関わりあっている。

参院の効能

「上院は下院と一致するなら無用であり、下院に反対するなら有害である」（シェイエス）のか、「多数が常に正しいとは言えない。自治的国民で、多数決から生まれる過ちを救済する手段を設けないものはない」（ブライス）か。

筆者は、二院制維持論者である。その第一の効用は「時間差」にあると考える。衆院で熱くなった議論に対して、参院で「頭を冷やして」もらうのだ。

衆院から送られてきた案件について、参院では、一定の時間をかけ冷静な議論を展開してもらう。乱闘国会は姿を消したとはいえ、与野党対決法案ほど、衆院では感情的になりやすい。

熱をさましながら、衆院ではみえなかった法案の問題点や議論不足の部分を補う。それに気づくには、時間の経過が必要だ。この「時間差」が、デモクラシーをより強固にするのではないだろうか。

むろん、これは基本的な考え方であって、本当に緊急を要する議案については、参院でも迅速な審議が求められることは論を待たない。

参院はどのように改革すれば、本来の二院制の機能を回復するのだろうか。政党化現象の固定化を視野に衆参両院をセットとして、選挙制度改革を検討することも重要なポイントだ。

以下、二院制導入の経過、民主主義の理念、二院制の類型、選挙制度、憲法改正の提言など、順次考えていきたい。

わが国の現行二院制導入の経過

わが国の二院制は、憲法が制定される折衝のなかで、連合国軍総司令部（GHQ）と日本政府関係者との間で成立した妥協の産物だった。当初、日本側に提示されたGHQ草案では、国会は一院制だった。

日本側には、二院制を求めるにあたって、明治憲法下の衆院を制御するための貴族院（任命制）継承が念頭にあった。GHQは、こうした日本側の意図を見抜き、従来の貴族院型が存続しないように議員の直接公選を条件に二院制を認めた。

GHQは、一九四六（昭和二一）年二月一三日、日本の松本烝治・憲法問題担当相が提示していた新憲法の日本案を拒否するとともに、松本らにGHQ民政局が一週間ほどで作成したGHQ草案を手渡した。そして、それをもとに成文化を急ぐよう指示した。

同草案は、国会を一院としていた。この経過については、一三日の草案提示に先立つ、二月五日のGHQ民政局会合議事要録が残っている。

「いろいろな点を考慮した結果、二院制よりも一院制を提案した方がよいとの結論に達した。日本における政治の発達をみても、そこには特に二院制をよしとすべき点は見当たらない。またマッカーサー元帥も日本には一院制の方がよいのではという意見を述べられている。簡明という点からも、一院制の方がよい。二院制をとるとすれば、国民の代表選出に2つの形態を用いるということになり、どちらの院に『不信任決議』をなす権能を与えるかという、難しい問題も生じる。ケイディス大佐は、この点はわれわれにとって取引きの種として役に立つことがあるかもしれぬと述べた。われわれが一院制を提示し日本側がその採用に反対したときには、この点について譲歩することによって、もっと重要な点を頑張ることができようというのである」（高柳賢三ら編著『日本国憲法制定の過程』I、一二一頁、一九七二年、有斐閣）。

一院制を提示したGHQには、日本側が二院制を要求してくることが読み筋に入っていた。議事要録で、ほかの要求との取引材料とする意図だったことが分かる。GHQにとって、一院制か二院制かは、固執すべき基本的事項ではなかった。ポイントは、非民主的とみた貴族院型を残さないことだった。

二月一三日、GHQ草案を読んだ松本国務相は、ホイットニー准将（GHQ民政局長）に一院制をとった理由を聞いている。

これに対し、ホ准将は「（この憲法草案によれば）華族制度は廃止されることになっているので、貴族院は必要なくなるし、憲法の他の箇所に示されている抑制と均衡の原理のもとでは、一院制の議会をおくのが一番簡明な形態だと考えた。また日本には、合衆国と異なり、面積や人口にかかわりなく各州が平等の代表を出す上院を作り、大きく人口の多い州の代表が下院で多数を占めて権力を握ることに対する抑制たらしめねばならぬという事情がない、と。」

松本国務相は次のように反論した。

「もし一院のみだったら、ある政党が多数をえたら一方の極に進み、次いで他の党が多数をえたら逆の極に進むということになる。従って、第二院があれば、政府の政策に安定性と継続性とがもたらされる」（前掲『日本国憲法制定の過程』I、三二九―三三一頁）。

さらに松本国務相は、二月二二日、ホ准将に対し、参院の選挙制度についても質問している。

松本国務相のメモによる両者のやり取りは次のようなものだった。

「第四章議会ハ一院制ヲ採レルモ二院制ハ絶対認メラレサルヤ」

「二院制ハ米国等ト国情ヲ異ニスル日本ニテハ無用ト考ウルモ強テ希望アレバ両院共ニ民撰議員ヲ以テ構成セラルル条件下ニ之ヲ許スモ可ナリ」（此ノ点十三日ノ初会見ニ於テ当方ヨリ両院制ノ作用ニ付キ

一言シ置キタル結果譲歩セルモノナラン）

「上院ヲ民選議員ヨリ成ルモノトスル場合ノ民選の意義如何、複選ハ可ナルヤ」

「複選ハ可ナリ」

「府県会議員等ヲ選挙人トスルハ如何」

「右ハ民選ナリ」

「例ヘバ商業会議所議員ヲ選挙人トスルガ如キ職業代表ハ如何」

「右ハ民選的ト認メ得ス」？

「議員の少数者ヲ勅任トスルハ如何」

「右ハ認メ得ス」

（佐藤達夫著・佐藤功補訂『日本国憲法成立史』第三巻、六三一―六四頁。一九九六年、有斐閣）。


松本国務相は、GHQに拒否されたにもかかわらず、GHQ草案をもとにして作った日本案のなかに、任命による一部参院議員の選出を書き込んでいる。

松本の書いた参院議員の選出条項は「参議院ハ地域別又ハ職能別ニ選挙セラレタル議員及内閣ガ両議院ノ議員ヨリ成ル委員会ノ決議ニ拠リ任命スル議員ヲ以テ組織ス」であった。

ホ准将とのやり取りから説得可能と考えたのであろうか。憲法担当相だった松本烝治は、東大教授をつとめた商法の権威で、戦前、第二次山本権兵衛内閣で法制局長官を経験していた。なかなかの自信家であったと伝えられている。

松本メモにある「譲歩セルモノナラン」も、まったくの勘違いで、自信家の一面を示している。日本案を提示した四六年三月四日、松本はＧＨＱのケーディス大佐と口論となり、怒って帰ってしまう場面もあった。真面目だが、かなり気が強く短気なところもあったようだ。

日本案を提出するにあたって、松本が書き、添付した説明書には、任命制の議員について「或ル種類ノ職能ニ付テハ適当ナル被選挙資格ヲ定ムルコト又ハ適当ナル選挙母体ヲ発見スルコトヲ得サルモノアルヲ以テ此ノ種ノ職能代表者ヲモ網羅スル為」としている。

職能代表は、どの職業分野からどのくらいの割合で議員を選ぶのか、なかなか難しい選出方法である。職能組織といえるものもなかったし、現在もない。

職能別の選出では、なるべく幅広い職能代表が必要という意図ならば、松本の言い分もわからないわけではない。ただし、当時の政府関係者には、できるだけ明治憲法下の統治機構を残したいという企図があったことは確かだから、松本の真意がそのあたりだったのかどうか、いまひとつ不明である。

難問化する宿題

もっとも、職能代表そのものが選挙制度として設定できず、参院の選挙制度は、全国区と都道府県別の地方区の二本立てとなった経緯がある。全国区には、選挙結果に職能代表的効果が加味される期待もこめられていた。

制定時のいきさつをやや詳しく振り返ったのは、二院制を考えるにあたって、その出自を知ることは、意味があると思ったからである。「二院制復活」が、日本側の数少ない実現した要求だったことや当時の議論がまだ尾を引いているからである。

二院制と一院制の違い、わが国になぜ二院制が必要なのか、参院の役割、参院の選挙制度など、折衝経過でのやりとりからみてとれる論点は、現在でも、ほとんどが解答が出ないまま、議論が繰り返されている。

難問化する宿題

衆院憲法改正特別委員会は、四六年八月二一日、新憲法案の採決にあたって、次の付帯決議をつけた。

「参議院は衆議院と均しく国民を代表する選挙せられた議員を以て組織すとの原則はこれを認むるも、これがために衆議院と重複するが如き機関となり終ることは、その存在の意義を没却するものである。政府は須くこの点に留意し、参議院の構成については、努めて社会各部門各職域の智識経験ある者がその議員になるに容易なるよう考慮すべきである」。

この決議に対する答えは、五〇数年を経た現在、政治状況がさらに複雑になって難問化したまま出されていない。

参議院の選挙法立案の中心人物は、鈴木俊一・内務省地方局行政課長（元都知事）だった。鈴木は作業が大詰めをむかえたころ、GHQ民政局のO・I・ハウギー少佐に呼ばれた。選挙法原案は全国区が定数一五〇人、地方区も一五〇人の計三〇〇人だった。

ハウギーは、「全国代表と地方代表に分けた選挙制度そのものはいい。しかし、職能代表として全国的な団体から推薦され選ばれる高尚な政治感覚を持った候補者はそんなにたくさんはいないはずだ。全国区は五十人減らして、百人にしたらどうか」（「This is 読売」九八年六月号・二〇世紀の証言・鈴木俊一）。

定数はそれで収まった。参議院議員選挙法は一九四六（昭和二一）年一二月、第九一帝国議会で成立。第一回の参院選は四七年四月二〇日に実施された。

第一回参院選は無所属（一〇八人）が第一勢力になり、保守系無所属を中心に国会会派・緑風会（第一回国会召集日に九二人、参院第一勢力）が結成された。

主だったメンバーは、山本勇造、田中耕太郎、佐藤尚武、河合彌八らだった。全国区制は、一時期、良識派選出のシステムになるかと思われた。

その後、選挙のたびに政党化が進み、保守政党の引き抜きも活発化した。六〇年に「参院同志会」と改称し、六四年、再び、緑風会に戻したが、勢力回復はできず、一九六五（昭和四〇）年、緑風会は解消。以来、参院改革が論じられてきた。

わが国の民主主義に対する理念

極論になるが、大別すれば、多数決着型か合意形成型になる。

A、多数決着型＝国民の多数の意思に基づく政治は、少数の意思より民主主義の理念により近い。選挙で多数を占めた党派の手に権力を集中させる傾向がある。理論を突き詰めれば、一院制指向となる。選挙制度は小選挙区制となる。イギリス、ニュージーランドなどだ。

イギリスでは、ブレア首相の公約に基づいて、上下両院で国会改革が議論されている。上院は世襲貴族の廃止、下院は選挙制度の一部に比例代表制を採用した小選挙区比例代表連用制が議論になっている。わが国が目指す方向とは逆の合意形成型志向である。興味がわくテーマである。概要は後述する。

B、合意形成型＝可能な限り多くの人々の合意に基づく政治が、民主主義の理念に合致する。多数派政党の権力を抑制的にしようとする傾向になる。両院が対等な対称的二院制となる。選挙制度は、比例代表になる。スイス、ベルギーなどである。

わが国では、首相指名、予算、条約に衆院の優越性がある。法案についても憲法五九条で「法律案の議決、衆議院の優越」が規定されている。

五九条二項は「衆議院で可決し、参議院でこれと異なった議決をした法律案は、衆議院で出席議員の三分の二以上の多数で再び可決したときは、法律になる」である。五九条四項には、参院が衆院の可決した法案を受け取った後、国会の休会中の期間を除いて六〇日以内に議決しないときは、衆院は参院が、その法案を否決したものとみなすことができる、という規定もある。

この場合も五九条二項を準用して三分の二以上で再可決する方法があるわけだ。しかし、与党勢力が衆院で三分の二の勢力を確保することはなかなか難しい。

九九年一〇月に成立した自・自・公政権は、これをクリアーしているが、「三分の二以上の再可決」に踏み切るケースは、実際にはないのではないか。

逆に、少数派が阻止勢力である三分の一を確保することの方が、はるかに容易だ。したがって、わが国の二院制は合意形成型といえる。政治システム全体としても、合意形成型である。

わが国の参院は「強い第二院」なのか「弱い第二院」なのか。論者によって相違があろう。以下の例をみれば、「弱い」とはいえないのではないか。

参院議決を逆転したケース

わが国で参院が否決した法案を衆院が三分の二以上で再可決した例は、過去に一回あるだけだ。一九五一（昭和二六）年、第一〇国会に議員立法で衆院に提案されたモーターボート競争法案である。地方自治体にモーターボート競争を実施させる道を開こうとする内容だった。同法案は衆院運輸委員会で全会一致、衆院本会議では賛成多数で通過、参院に送られた。

参院審議では、いたずらに射幸心をあおり悪影響が出るとの意見もあったが、参院運輸委員会では賛成多数で可決した。参院本会議では、記名投票が行われ、採決の結果、賛成六五票、反対九五票で逆転否決した。

これに対し、衆院では、六月五日の本会議で、出席議員の三分の二以上の多数で再び可決した（「衆議院先例集」平成六年版・衆院事務局、『議会制度百年史・国会史・上巻』三〇四頁、衆議院・参議院編）。

参院で修正された回付案に衆院が同意せず、三分の二以上で再可決した例は、一一の国会で計二六法案を数える。

憲法五九条四項の「六十日たっても参院が議決せず、衆院が否決とみなして、再可決した」例は、一回（第一三国会）だけ記録されている（前掲「衆議院先例集」）。

こうした参院の議決などを両院協議会を開かず、衆院で引っくり返した例は、一九五六（昭和三一）年から五七年にかけて開かれた第二六国会を最後に四〇年以上、先例がない。与党が強引な国会運営をした場合、野党は審議拒否などで抵抗する。国会運営の効率上、得策ではないという意思が定着したものとみられる。

国会の勢力分野からみて、成立が困難視される法案は提出しないか、事前に反対勢力の意見を聞いて、妥協案を提出することが多くなったためであろう。

いずれにしても、現行憲法下では、与党が衆院で三分の二の勢力を維持していなければ、こうした逆転はできないわけで、国会の運営は、政治状況に大きく左右されることになる。

衆参両院の議決が異なった場合、重要法案については、両院協議会を開いて妥協の道をさぐるケースがある。

最近では、九四年に成立した政治改革関連四法案（公職選挙法改正案、政治資金規正法改正案、衆院議員選挙区画定審議会設置法案、政党助成法案）の事例がある。四法案は衆院は通過したが参院が否決した。両院協議会で議論したところ、施行期日の削除、次期国会での法案修正などの約束といった、きわめて政治色の濃い妥協案（成案）ができて、成立した。

両院協議会の話し合いは難航し、いったんは決裂した。そのままでは廃案になる恐れがあった。実際の妥協は、当時の細川護熙首相と野党第一党の河野洋平自民党総裁との会談でまとまった。国会に出された法案の成否を行政府の長である首相と野党党首が決めるという、きわめて変則的な事態だった。

「政治改革」を廃案にしたら、世論の猛反発がこわいといった政治判断が成立の決め手となったといっていい。

第二院の類型と議院法の伝統

二院制を採用している国の第二院をみると、大別して三つの型に分けることができる。

A、貴族院型＝イギリス（任命制議員による下院機能チェック）

B、連邦型　＝アメリカ、ドイツ（連邦国家全体を代表する第一院と連邦および複数民族の利益を反映する第二院）

C、民選型　＝日本

二院制をとる理由には、それぞれ各国の成り立ちや政治に対する思想が関係している。

戦前のわが国の国会には、明治憲法発布とともに公布された議院法があった。政府が帝国議会開設に先立って制定したものである。それは衆院の内部組織と議事運営を強く規制するものだった。議院の自律性を最小限に絞った点に特徴があった。

貴族院令により、任命制の議員で構成する貴族院も衆院の運営の自律性をけん制、制御する存在だった。この議院法伝統は、現在の国会法となって引き継がれている。

（注）貴族院令・一八八九（明治二二）年に出された勅令。貴族院議員を皇族、公侯爵と、伯子男爵の互選、国家功労者および有識者、多額納税者で勅任された者、などと決めていた。

立法府である国会のルールを行政府である政府が立案すること自体が変則である。主要各国とも議会の運営は、議会の自律権にゆだねられている。国会法の存在そのものが、世界でも珍しいのである。

GHQは現行憲法の制定時、憲法付属法令として、国会法を作りたいという政府当事者に対し、議事規則など国会内のルールで運営すれば良いのではないかと言っている。

現行憲法は五八条で国会、七七条で最高裁判所の規則制定権をそれぞれ認めている。立法、行政、司法の三権は分立しているから、内部のことは内部で決めるというルールが保障されていなければならない、という趣旨である。

五八条二項は「両議院は、各〻その会議その他の手続及び内部の規律に関する規則を定め」と規定している。七七条は「最高裁判所は、訴訟に関する手続、弁護士、裁判所の内部規律及び司法事務処理に関する事項について、規則を定める権限を有する」である。

この条文の「規則」は、英文のＧＨＱ草案では、「ルール（rules）」だった。ルールとは国会法を作れという意味ではなく、各議院や裁判所で守るべき約束事を決めなさいということである。それは国会規則でもいいし、議決でも議長裁定でも構わない。

一方、八一条は「最高裁判所は、一切の法律、命令、規則又は処分が憲法に適合するかしないかを決定する権限を有する終審裁判所である」と規定している。この条文の「規則」は、ＧＨＱ草案では、「レギュレーション（regulation）」だった。

レギュレーションとは、ある人がある人の行動を規制することで、だからこそ違憲審査の対象となるわけだ。日本語に訳せば同じ「規則」にはなっても、ルールとレギュレーションとは本質的に異なるのである。現行憲法でも、五八、七七条の「規則」（ルール）と八一条の「規則」（レギュレーション）は、使い分けて英訳されている。

日本政府関係者にも、こうしたＧＨＱの意図は理解できたと思う。しかし、政府が国会をコントロールするという明治以来の議院法伝統にこだわった。

その結果、でき上がった国会法は衆参両院は同じ規則に従うという衆参同一準則観を引き継ぐ法律となった（大石眞「憲法と国会改革の諸問題」。『内閣・行政機構 改革への提言』、九六年、読売新聞社に収録）。実際に国会法をみると、衆参とも対象となる条文はほとんど同じである。この衆参同一準則観こそが、わが国の第二院である参議院の独自性発揮の障害となっているのである。

八六年、参院は長期的視野から基本政策を検討する目的で、国会法を改正して参院独自の「調査会」を設置した。機能すれば、任期六年で解散がない参院にふさわしい機関である。ところが衆院側が「法案審議が停滞するので困る」と設置に反対した。調査会では法案を扱わないことで参院が譲歩、改正案は成立した。

衆参ともに拘束する国会法があるので、このように参院が独自の試みをしようとしても衆院側の賛成がないと実現しない。衆院と参院は、同じ立法府の機関ではあるが、それぞれが自律した存在である。国会法はそれぞれの自律性を侵している。

戦後、二院制が採用された経過はすでに触れた。日本政府当事者の意図に反したＧＨＱ主導による公選型の第二院だった。現行憲法で、参院議員の選出法は直接公選となったが、実際の運営面では、明治憲法下の議院法伝統が根強く残っている。

わが国の国会は、現行憲法と明治憲法体制の残滓が整理されないまま、運営されている。国会法の存在は、その典型的な例だ。

京都大学の大石眞教授は「国会法のうち、衆参両院の院内事項を定めている部分は基本的に違憲である」（前掲「憲法と国会改革の諸問題」）と明言している。筆者も同感である。衆院、参院独自の運営、組織に関することは、それぞれの議院規則でルールの取り決めが可能になるように国会法を廃止するか、大幅改正するべきだ。憲法が本来、保障している両議院の自律性を回復させなければならない。

参院の政党化と選挙制度

現在の参院は完全に政党化している。政党化しているから、党議決定は衆参両院の議員を拘束する。議員独自の意見があっても国会審議の場では述べにくい。参院が衆院のカーボンコピーといわれる由縁である。

与党は、法案について国会提出前に関係者が事前調整する。主要な議論は関係省庁も加わった密室の与党内審査で済んでいる。国会では早期成立だけが至上命題である。

公開の場で分かりやすい議論を展開しなければならない国会審議はどうしても形骸化する。官僚機構を利用できる与党と異なり、野党には核心となる情報が入りにくい。核心をついた質問は少ない。

法案は国民に十分に理解されないまま成立する。国会は本来の言論機能を果たしていない。

これらは、国会や政党内の運用や慣行に負うところが多い。政党自身や国会議員の意識改革が第一に必要だが、国会法改正や政党法の制定で、改善可能ではないか。

参院の独自性を議論するとき、欠かせないのが選挙制度である。直接公選を採る以上、政党化は避けられないからだ。選挙運動は個人レベルでは効果が薄い。勝つためには、政党が全面に出て組織を動員しなければならない。当選した候補者は、物心両面で政党に頼っているから、選挙後の党議拘束には逆らえない。

参院の選挙制度は、一九八二年に全国区が拘束名簿式の比例代表選に変わった。都道府県別の選挙区と二本立てだ。比例は定数が一〇〇人、選挙区が一五二人の計二五二人である。議員任期は六年で、三年ごとに半数が改選される。

比例選は拘束名簿だから、政党が名簿登載の候補者の順位をつける。政党本位の制度である。

憲法第四三条（両議院の組織・代表）は、
① 両議院は、全国民を代表する選挙された議員でこれを組織する。
② 両議院の議員の定数は、法律でこれを定める。
と規定している。

第一院である衆院の議員が有権者から直接公選されるのは、各国でも普通である。公理といってもいい。

「全国民を代表する選挙された議員」の解釈で、参院には、間接選挙や複選制が認められているという学説もある。複選制は、参院議員を衆院議員や地方議会議員が選ぶ方法だ。二院制導入の過程で、松本烝治がＧＨＱのホイットニーに対し、「複選制は可能か」と聞き、ホイットニーが「可能だ」と答えた松本メモのやり取りを思い出してほしい。

間接選挙は、一定の選挙で選挙された議員選挙人が参院議員を選ぶ方法である。複選制や間接選挙が、現行憲法の解釈上認められているという見方は、少数説だ。

普通は「全国民を代表する選挙された議員」とは、直接公選を意味すると解釈されている。したがって、選挙を経ない任命制や推薦制はもちろん、複選制や間接選挙を採用する場合は、四三条を中心とした憲法改正が必要となろう。

具体的な選挙制度改革は

現在、わが国では衆院で小選挙区と比例代表の並立制が採られ、参院では、比例代表と選挙区選の並立制である。双方は類似した選挙制度だ。両院制を採用している以上、組織原理、つまり議員の選挙法はなるべく異なったシステムになることが望ましい。

選出母体や選出地域規模などが同じでは、衆参両院とも似たような利益を代表する議員で構成されることになる。二院制の意味が希薄になってしまう。

衆院の選挙制度は九四年に導入され、九六年に総選挙を一回経験しただけである。二〇〇〇年一〇月には、衆院議員の任期が切れるので、それまでに小選挙区比例代表並立制による二回目の総選挙が行われる。一、二回の経験では「政権交代のある二大政党、二大勢力の実現」という衆院選挙制度改革の趣旨が徹底するかどうか分からない。

したがって、選挙制度を変えるとするなら、当面は参院ということになる。

ここで論点として避けられないのが、参院の政党化をどうみるかである。政党化をあくまで排し、党議拘束がかからない独立型の参院議員像を理想とするなら、任命制や推薦制が浮上する。推薦制は、過去、何回かさまざまな制度が提案された。推薦といっても、議員として推すのか、候補者として推すのかで、システムはまったく別物になる。

具体的な選挙制度改革は

「政党化されない参院」「任命制」「推薦制」は魅力的な提案である。しかし、具体的な方法となると妙案はない。次のような問題点が次々と浮かんでくる。

「任命制」はだれが、どのような人を対象に任命するのか。首相経験者、衆参両院正副議長経験者などを挙げる声もある。しかし、これでは老人ばかりになってしまうし、人数もあまり多くない。若い人材をどこから選ぶのか。

任命権者はだれか。内閣か、内閣総理大臣が第三者機関の意見を聞いて決めるのか。行政府やその長が立法府の議員を任命するのは適当か。

推薦制も似たような問題がある。だれがどのような人を対象に選ぶのか。第三者からなる推薦機関を作るとしたら、その構成をどうするか。構成メンバーはだれが決めるのか。

任命制、推薦制は参院議員の全部にするのか、一部に導入するかは別にしても、憲法改正が必要となる。そのうえで、たとえば「参議院議員の任命」または「推薦に関する」法律を制定することになるだろう。

任命制にしても推薦機関にしても、各政党は自分たちの意にかなう人物や構成メンバーを主張するだろう。そうなると、参院議員は政党勢力比に基づく政党推薦の形となって、結局、現在とあまり変わらないのではないか。議員選挙人が参院議員を選挙する間接選挙でも同じ結果となるのではないか。選び方によっては、戦前の貴族院のようになる可能性もある。

直接公選制からの選択

となると、政党化を肯定したうえで、なんらかの公選による選挙制度を模索することになる。

選挙制度は、選出の地域規模、選挙区の定数、比例代表などの組み合わせで何百とできる。過去、さまざまな参院の選挙制度が提案されてきた。

二院制下の選挙制度は衆参セットで考えることが望ましい。それぞれが特徴をもち、第一院を第二院がカバーしていくシステムが必要だからだ。ただし、有権者に分かりにくいあまりに複雑な選挙制度は好ましくない。

衆院は小選挙区比例代表並立制である。比例代表という中間政党への妥協の産物がついてはいるが、基本は小選挙区で、総選挙は政党の選択である。政権選択の選挙であるといってもいい。

衆院が小選挙区に収れんされていくとすると、参院はなんらかの形で比例代表を加味した選挙法、という選択肢が出てくる。衆院⇩政権選択、参院⇩幅広い民意のくみ上げ、というすみ分けである。ただし、だれもが満足する一〇〇%の選挙制度というものは存在しないから、一長一短である。衆参すみ分けをコンセプトとして選挙制度を考えてみよう。

あえて、三つの例をあげてみる。

まず、全国を一区とした比例代表制が挙げられる。定数全部に適用する。政党本位の拘束名簿を想定している。

小選挙区のように死票が出ず、小政党でも下位で議席を得る可能性が高い。現行のドント方式を採用して議席を配分すれば、衆院と異なって、かなりの数の政党が誕生しそうだ。ドント方式は、各政党の得票数をそれぞれ一から順に整数で除していき、その商の大きい順に議席を決めていく配分法だ。選挙区が広いので、選挙資金面などで問題が出てくる可能性はあるかもしれない。

全国をいくつかの都道府県別に分け、ブロック別に投票する方法もある。

次は都道府県単位の大選挙区制だ。人口に比例して定数を決める。人口の多い都市部では定数が多くなるので、比例的要素が加味され、小政党が議席を得る可能性が出る。別表は、定数を現行の二五二とし、各都道府県に一律二議席を与え、残りを人口比例で配分した試算である。人口は九五年の国勢調査をもとにしている。

一票の格差は、三・五四にとどまっているので、この点は、これまでの最高裁判例からみて問題はない（八八年一〇月二一日の最高裁判決は、最大格差一対五・八五で合憲）。ただし、福井、高知、島根、鳥取で定数が二となり、三年で半数改選の参院選では、定数が一となる。この四選挙区では、県単位の小選挙区制になるわけだ。

大政党に有利な小選挙区を避けるため、各都道府県に定数四を一律に与え、残りを人口比例で配分したところ、最大人口・東京と最小人口・鳥取の一票の格差が七・六六に拡大した。この差だと、「一票の格差」合憲の線はクリアーできないのではないか。

基礎配分二議席の都道府県別大選挙区制を採用した場合、四選挙区の小選挙区化はやむを得ないのではないだろうか。

最後は、アメリカの上院選挙のように、人口に関係なく各都道府県の定数を同数にする方式である。たとえば、各都道府県に一律定数二を配分する。四七都道府県で九四議席である。ただし、半数改選だから、実際の選挙では定数一の小選挙区になる。

都道府県別大選挙区制の試算

定数252の１票格差（基礎配分２）

都道府県	95年国調人口	都道府県別定数		議員１人当たり人口	格差
東京都	11,773,605	16		735850.31	3.54
神奈川県	8,245,900	12		687158.33	3.30
愛知県	6,868,336	10		686833.60	3.30
埼玉県	6,759,311	10		675931.10	3.25
兵庫県	5,401,877	8		675234.63	3.24
大阪府	8,797,268	14		628376.29	3.02
静岡県	3,737,689	6		622948.17	2.99
福岡県	4,933,393	8		616674.13	2.96
宮城県	2,328,739	4		582184.75	2.80
千葉県	5,797,782	10		579778.20	2.79
北海道	5,692,321	10		569232.10	2.74
長野県	2,193,984	4		548496.00	2.64
福島県	2,133,592	4		533398.00	2.56
岐阜県	2,100,315	4		525078.75	2.52
群馬県	2,003,540	4		500885.00	2.41
栃木県	1,984,390	4		496097.50	2.38
茨城県	2,955,530	6		492588.33	2.37
岡山県	1,950,750	4		487687.50	2.34
広島県	2,881,748	6		480291.33	2.31
熊本県	1,859,793	4		464948.25	2.23
三重県	1,841,358	4		460339.50	2.21
鹿児島県	1,794,224	4		448556.00	2.16
京都府	2,629,592	6		438265.33	2.11
新潟県	2,488,364	6		414727.33	1.99
福井県	826,996	2		413498.00	1.99
高知県	816,704	2		408352.00	1.96
山口県	1,555,543	4		388885.75	1.87
長崎県	1,544,934	4		386233.50	1.86
島根県	771,441	2		385720.50	1.85
愛媛県	1,506,700	4		376675.00	1.81
青森県	1,481,663	4		370415.75	1.78
奈良県	1,430,862	4		357715.50	1.72
岩手県	1,419,505	4		354876.25	1.71
滋賀県	1,287,005	4		321751.25	1.55
沖縄県	1,273,440	4		318360.00	1.53
山形県	1,256,958	4		314239.50	1.51
大分県	1,231,306	4		307826.50	1.48
鳥取県	614,929	2		307464.50	1.48
秋田県	1,213,667	4		303416.75	1.46
石川県	1,180,068	4		295017.00	1.42
宮崎県	1,175,819	4		293954.75	1.41
富山県	1,123,125	4		280781.25	1.35
和歌山県	1,080,435	4		270108.75	1.30
香川県	1,027,006	4		256751.50	1.23
佐賀県	884,316	4		221079.00	1.06
山梨県	881,996	4		220499.00	1.06
徳島県	832,427	4		208106.75	1.00
全国	125,570,246	252		498294.63	

これを避けるため、一律定数四を配分すれば、選挙は各都道府県とも半数改選では、定数二の選挙戦となる。議席数は一八八となる。現在の定数二五二から、六四議席を減らすことができる。

分かりやすい選挙制度だが、衆院の小選挙区制による死票を参院の比例代表で救済するという趣旨には合わない。小党の進出にはつながらず、大政党に有利だからだ。人口に関係のない議席配分であるから、これまでの人口比例という考え方を変える必要がある。都道府県はすべて平等という地域代表のコンセプトであろう。地方分権が進めば、それにふさわしい選挙制度になるかもしれない。

参院の権限をどうするか

参院の選挙制度については、任命制や推薦制に効果的な具体案がないとすると、公選制のなかから、選択するしかない。これは、衆参両院で組織原理を変え、異なった民意を反映させることが眼目であった。

選挙制度の変更だけでは、政党化に絡んだ問題点解決の答えにはなっていない。これまで述べたように公選制度を採る以上、政党化は避けられないからだ。

そこで角度を変え、参院の権限をどうするか、を考えてみたい。

結論からいうと、前述した憲法五九条二項を改正する。現行条文は、衆院で議決し、参院がこれと異なった議決をした法案は、衆院で出席議員の三分の二で再可決したときは、法案が成立する旨を規定している。

この「三分の二」を「過半数」と改正する。この改正によって、政権を形成する衆院の意思を参院が否定することは実質的に不可能となる。参院で否決しても、衆院の過半数の再可決で法案は成立するからだ。

衆院で過半数を獲得した勢力が内閣を組織するという議院内閣制の特性から、衆院の意思を参院よりさらに明確に優先させるという考え方だ。

むろん、参院には法案について、一定期間、審議できる保障をつける。たとえば、二ヵ月ないし三ヵ月である。これは国会法の改正でできる。法案の修正は認める。修正され衆院に回付された法案を認めるか認めないかは、衆院の判断にゆだねられる。

同時に国会法六八条で規定する会期不継続の原則は削除するか、改正する。現在は、継続審議の手続をとらなかった法案は、六八条の規定により、国会終了とともに自動的に廃案となる。次の国会で再び提案しなければならない。これは非効率だ。

参院に一定期間の審議期間を保障する代わりに、会期不継続の原則は撤廃し、通年国会化する。廃案の手続をとる場合を除き、法案は継続することとする。総選挙から、次の総選挙までを会期とする「議会期」の採用も考えられるので、憲法五二条（常会）、同五三条（臨時会）改正も視野におく。

権威ある「修正」の参院に

「三分の二」を「過半数」に変えたことで何が起こるのだろうか。

最終的に衆院の過半数の再可決で法案は成立するのであるから、参院の負担は軽くなる。衆院からみれば、過半数さえ維持できていればその意思を貫徹できるので、参院は政党化していようが、いまいが、ほとんど関心はなくなる。

党議拘束を参院にまでかける必要もない。参院は、のびのびと闊達な議論ができる。良識ある議論をきちんと行い、そのうえで法案を修正して衆院に送り返せば、衆院でもまったく無視はできないのではなかろうか。

参院は良識と権威ある「修正の院」として、均衡、補完、抑制の機能を果たす。

衆参の選挙制度をそれぞれ異なった民意を集約、反映させるシステムに見直し、そのうえで、参院の権限を変えれば、二院制は本来の機能を取り戻すと考えるがどうであろうか。

イギリスでは、一九一一年議会法で、金銭法案（わが国でいえば予算関連法案）に関しては、下院が議決、上院に送付してから、上院が一ヵ月以内に無修正で可決しなかった場合、下院の議決だけで成立することになった。

一九四九年議会法では、その他の公法案についても、二会期連続して下院が可決した場合は下院の議決だけで成立することになった。イギリスは通年国会制なので、上院が審議を引き延ばそうと思っても最長一三ヵ月までである。

フランスでは、憲法四五条の規定により、一般法案については、上下両院を修正などで二往復した場合、または政府が成立の緊急性を宣言した場合は一往復で、首相が両院の合同委員会（両院協議会）開催を求めることができる。委員会で上下両院の妥協案がまとまらなかったケースでは、さらに上下両院の審議を経たうえで、政府は下院に最終議決を要求できる。

イギリスに比べれば迂遠な手続きである。筆者が注目したのは「政府の緊急性宣言」の部分だ。わが国の場合、政府が法案を国会に提出すると、国会運営にはまったくといっていいほど、口を出せない。

政府が本当に法案の成立に緊急性を感じるなら、首相が内閣を代表して責任をもち、国会を通じて「緊急性」を国民に訴えればいい。そのうえで法案の早急な成立を衆院に求めるのである。明治憲法下のように、政府主導の国会運営では、国会の自律性を損なうが、緊急を要する案件のさいは、政府が率先して乗り出すケースも、時には必要ではないか。

イギリスの選挙制度改革

イギリスは、九七年総選挙で労働党が勝ち、一八年ぶりに政権を獲得した。その際の公約に基づき、ブレア首相は、上下両院の改革を進めている。

わが国では、イギリスの「単純小選挙区制⇩二大政党制」を一つのモデルに九四年の政治改革が進められた。その結果は、妥協の産物としての小選挙区比例代表並立制だった。イギリスでは、逆に現在の日本に近い選挙制度が、下院の選挙制度改革の案として検討されている。選挙制度に絶対のものはないとはいえ、この指向の逆転現象は、興味深い。

労働党は、当初、上院は廃止の方針だったが、現在は二院制維持が前提となっている。英上院は選挙を経ない世襲貴族、内閣推薦の一代貴族、主教の議員で構成されている。その上院は、九九年一〇月二六日、世襲貴族が自動的に得てきた議席権を廃止する法案を賛成多数で可決した。七百年以上の歴史をもつ上院はこれまで変動はあったが、一〇月の時点で、改革に向け本格的に動きだした。

上院の議席数は、一二三一で、このうち、廃止されるのは七五九の世襲貴族による議席だ。

世襲貴族の議席権廃止は決まったが、ブレア政権は、まだ、上院の具体的構成案を示しておらず、改革の方向は、はっきりしない。一部公選、一部任命などの案が出ている。上院は、新構成が決まるまでの暫定措置として、九二人の世襲貴族議員を残した。

下院は選挙制度の手直しが検討されている。九七年一二月、現行の単純小選挙区制に代わる選挙制度を検討するため、独立の委員会（ジェンキンズ委員会、委員五人）を設置した。メンバーは次の通りである。

委員長・ジェンキンズ上院議員（自由民主党、元内相）、アレクサンダー上院議員（保守党）、グールド上院議員（労働党）、チルコット元北アイルランド庁事務次官、リプセイ「エコノミスト誌」編集長。同委員会は、九八年一〇月、選択投票（Alternative Vote）と限定的な追加議員制（Additional Member System）の組み合わせ案・選択投票制トップアップ案（AV Top-up）を発表した。ブレア首相は憲法マターであるとして、いずれ国民投票にかける方針を明らかにしている。

「AVトップアップ」は、小選挙区と比例代表の組み合わせ案である。九四年の政治改革に絡んで、民間政治臨調（政治改革推進協議会、九九年、二一世紀臨調に改組）が九三年四月に打ち出した小選挙区比例代表連用制と類似している。二票制である。ドイツの小選挙区比例代表併用制の変形ともいえる。六五九議席の八〇％ないし八五％は小選挙区で選ぶ。ただし、相対多数の一回投票で当選者が決まる単純小選挙区ではない。有権者は投票するにあたって、当選させたい候補順に、順番を一、二、三、四とつける。

第一順位の投票で過半数を得た候補者が出れば当選である。いなければ、下位の候補者の票を取り崩して上位候補に配分する。最下位の四位候補の配分で過半数獲得候補が出なければ、今度は三位候補の票を配分する。過半数候補が出るまで、この作業が続けられる。

残り二〇％ないし一五％は、比例部分にあたるトップアップ議員として選挙される。第二票の投票である。

選挙地域は、イングランド・六五、スコットランド・八、ウェールズ・五、北アイルランド・二に分けたブロック（トップアップ・エリア）である。ブロックは小選挙区をいくつかまとめた地域だ。ブロック内の半数以上の小選挙区で候補者を立てた政党は、ブロックで候補者を立てることができる。各政党は、各ブロックで非拘束名簿（小選挙区との重複立候補も可）を掲げる。有権者は候補者か政党かいずれかに投票する。候補者への投票も議席配分計算にあたっては、政党への投票として計算される。

各政党の得票数を、「各政党がすでに選挙区で獲得した議席プラス1」で除し、その商が最大になった党に一議席が配分される。以下、日本の比例代表選挙で使われているドント方式で議席を決める。

小選挙区で出た死票を比例代表で救済しようという考え方だ。一定の候補者を立てながら、小選挙区では当選者が出ないか、少なかった政党に議席が配分される仕組みである。保守党は反対している。下院の選挙制度改革は、上院改革と比べるとあまり進んでいない。労働党が単純小選挙区制で政権を獲得したこと、比例代表選を採用した九九年六月の欧州議会選挙で労働党が敗北したことなどが、その理由とみられている。

労働党内部には、単純小選挙制維持論者と比例代表採用論者が入り交じっており、ブレア首相が結論を急ぐと、政変になりかねない状況であるという。次の英総選挙は、おそらく二〇〇二年だろうが

（英下院議員の任期は五年）、そのさいに新選挙制度が導入されることはないものとみられている。選挙制度が複雑になってしまった点も、慎重論が高まっている原因である。英下院の選挙改革については、成田憲彦「イギリスの選挙制度改革―ジェンキンズ報告を中心に」〔九九年、駿河台法学第一三巻第一号〕が詳しい。

〈コラム〉

芸術家魂ここにあり

国会正面玄関の中央ホールには、明治時代の三人の政治家の銅像が立っている。わが国初の内閣総理大臣・伊藤博文、初の政党内閣を組織した大隈重信、自由民権運動を展開した板垣退助である。

正面玄関は、開会式に天皇陛下が来られるときなどだけに開かれる。普段は閉められており、ホールも天井が吹き抜けで高く、床や壁は大理石でできていて、夏でもひんやりとする。論争の場である国会にしては、喧騒が届かない静謐（せいひつ）の場である。

一九三七（昭和一二）年、建築に二十年の歳月を費やした現在の国会議事堂が完成した。そのとき、ホールの四隅に四個の台座を作り、憲政功労者の銅像を置くことが決まった。

正面からみて、参議院側の右手前に伊藤、衆議院側の左手前に板垣、奥に大隈の配置だ。残る参議院側の奥の台座は、現在も空席のままである。尾崎行雄ら何人かの候補者は挙がったが、決定には至らなかった。

三人の像の製作者は、伊藤が建畠大夢の彫塑、山内春造の鋳造。板垣が北村西望の彫塑、川西玉定の鋳造。大隈が朝倉文夫の彫塑、安倍陽秀の鋳造である。いずれも当代一流の芸術家だった。

製作がかなり進んだある日、板垣退助の像の原型を知らされた右派系の貴族院議員から、各派交渉会でクレームがついた。

「右手をポケットに突っ込んで、左手に太いステッキを持って突っ立っているのがけしからん」。

中央ホールは、帝国議会の開院式のさい、天皇陛下の通路（現在も同じ）となる。三つの銅像は、ホールを通過する陛下を取り巻く形になる。銅像は台座も入れれば、四メートル近い高さだ。ポケットに手を突っ込んだポーズで、陛下を見下すことになるのは不敬である、というわけだ。国民主権をうたう現行憲法の時代ではない。天皇絶対の明治憲法下のことである。

そこで、北村氏に交渉して、ポケットから手を出させるポーズに変えさせることになった。折衝役に白羽の矢が立ったのは、貴族院の職員だった近藤英明氏（のち参院事務総長）だった。

近藤氏はこのときの経緯を著作『国会のゆくえ』（一九五六年、春陽堂書店）で述べている。筆者は、参院事務総長を退かれたあと、取材のさいに近藤氏自身から、直接お話を聞いた。

無理筋を承知のうえでの気の重い説得使だった。北村氏は、近藤氏の話を聞いたあと、しばらく沈思黙考、おもむろに語り始めた。

「あの作品は、注文を受けてから板垣伯について、性格、事績などいろいろ詳しく調べました。その結果、結論としてあの形に到達しました。あれ以外の表現方法は思い浮かばない。手を出すことはもちろん、指一本、髪の毛一本変更はできません。美術家の良心から、要望に応じることはできない。

別の形を望むなら、他の作家にご依頼して下さるほかはない。あの原型は会心の出来だと思っているので、とにかく仕上げはしてみたいと考えています。お買上げはなくてもやむを得ません」。

穏やかではあったが、自信に満ちた断固たる態度だった。近藤氏は、芸術家として当然のことであり、それ以上、交渉の余地がないことを察して辞去した。

近藤氏は、各派交渉会で北村氏との交渉結果を次のように報告した。

「板垣伯の像なら、板垣伯をもっとも良く表しているものがふさわしい。ポケットから手を出すべきだ、という論を押し進めるなら、銅像には土下座したポーズのものしか置けなくなります」。

いくつかの異論は出たが、結局、北村氏に任せることになった。

この話を聞いたとき、ルネサンスの巨匠の一人、ミケランジェロが、有名なダビデの像を作ったさいのエピソードを思い出した。

フィレンツェの長官は、出来上がった像をみて「鼻が少し大きくないか」と注文した。

ミケランジェロは、像に登ると、長官に気づかれないように、鼻を削ったふりをして、削りかすの石膏をパラパラと落とした。

長官は「うむ、よくなった」。

近藤氏は、出来上がった三つの像を比べると、板垣の像が一番気迫がこもった名品に感じられたという。この事件が北村氏の刺激となって完成に向け、芸術家として一層の集中力が生まれたのだろうか。

時代、東西を問わず、権力者に媚びない芸術家魂は生きていた。北村氏が注文に応じていたら、不屈の板垣退助像は永遠にみられなかったかもしれない。

(注) 北村西望(一八八四―一九八七年)。彫刻家、長崎生まれ。東京美術学校(現東京芸大)彫刻科卒。在学中から頭角を現し、一九二一―四四年、東京美術学校教授。四〇歳で帝国美術院会員。力強い男性像が得意だった。戦後は日展彫刻部門の中心人物。五五年、長崎の「平和祈念像」が完成。芸術院会員、文化勲章受賞。

(加藤孔昭)

憲法に政党条項の導入を——連立政権時代の政党の役割——

なぜ政党を取り上げるか

政党は、国民と国をむすぶ架け橋である。国民の声を聞き、その要求を整理して実際の政治に反映させる役割を担っているからだ。

国民の政治的意思形成には欠かせない、議会制民主主義を支える存在なのである。これに代わる政治的組織や機関は見当たらない。政党は、国と有権者の媒体になっているといってもいい。先進各国では、複数政党制が常態である。

わが国では、総選挙で衆院の過半数を制した政党、勢力から首相が選ばれ、内閣を組織する。政党政治を基盤にした議院内閣制がとられている。衆院の過半数は一党単独で獲得することもあれば、他党との連立や閣外協力で制することもある。

通常は衆院で第一党の党首が首相である。連立交渉がまとまらなければ、政権党が過半数に達しない少数与党政権というケースもある。いずれにしろ、まれな例外を除いて、衆院の過半数政党勢力＝内閣という図式となっている。

政党が国会、内閣といった統治機構に占める役割はきわめて重い。与党と野党では機能に差はあるとはいえ、その役割が、いまや「憲法構造のなかで不可欠の構成要素」になっていることは否定できない。

政党が社会的にみて公的な存在をもつ側面があるばかりでなく、制度的に公的な存在になっているのは明白だ。

一九九九年の第一四五通常国会では、自民・自由・公明三党の連立、提携が強烈な威力を発揮した。重要法案が次々と成立した。政党がいかに実際の政治を担う公的存在であるかを実証したものだ。

是非はともかくとして、強力な権力組織としての一面を感じた人も多いのではないか。九九年一〇月には、自自公連立の小渕第二次改造内閣が発足した。本格的な連立政権時代の到来である。反面、秋に召集された第一四六臨時国会では、巨大なるがためのもろさときしみをみせた。

年金制度、介護保険といった社会保障の根幹を占める政策や衆院定数削減、政治資金という政党政治の土台にかかわる問題について、足並みはそろわなかった。

政策協議がまとまっても決裂しても、政治過程の実態からみれば、政党の数、政党の性格、政治的価値観、さらには連立内閣の政党の組み合わせによって政治が決定されている。

各種調査によると自民党の支持率は二〇―三〇%台である。三分の一政党といっていい。自民党には、すでに衆参とも過半数を獲得する力はないと思う。自民党が連立政権の基軸政党であることに当面は変わりはないだろうが、連立政権の時代が定着したといえるだろう。

一九八二年、参院の全国区制が改正されて拘束名簿式比例代表選が導入された。一九九四年のいわゆる「政治改革」では、衆院は中選挙区制から小選挙区比例代表並立制となった。いずれも政党中心の選挙戦が必須となるシステムであり、政党が政治過程で法的主体となった。

当然の帰結として政治構造は、政党中心となる。統治機構の見直しは政党を除いては考えられない。連立政権下の政党は、自民党の一党優位時代とは、担う役割が異なる。総選挙の結果次第で、どの政党でも政権に参加する可能性があるからだ。

こうした政党に自律と秩序が求められていることは言うまでもない。結論を先に言えば、憲法に政党条項を導入したうえで、政党の健全な発達を促す政党法を制定する時期に来ている、と考える。憲法改正に時間がかかるというのなら、政党法制定だけでも早急に検討するべきだ。

なぜ政党を取り上げるか

わが国では、一九四七(昭和二二)年、旧内務省地方局が作成した政党法案が戦後では初めての法案だ。その後、いろいろな政党法案が作られたが、八九(平成元)年の自民党政党法大綱骨子案(中西一郎私案)を最後に九〇年代以降は提案がない。

過去の政党法案は、政党規制型、政党に対する国庫助成型、その混合型のいずれかだが、政党を規制する時代ではないし、政党助成については、すでに実現している。これまでの案は、もう現代的意義が薄い。

筆者が構想する政党法は、あくまで政党本来の代表機能を高め、国民の声をきちんと反映、集約させるためのものだ。

税金に依存する政党体質

政党の公的性格に着目して、一九九五年一月からは、われわれの税金から支出する政党助成の制度も始まった。国民一人あたり二五〇円の計算で、総額約三〇〇億円、半額を政党所属議員数割りで、残り半額が直近の衆参両院議員選挙の得票数割りで支給されている。

ちなみに一九五五年来の自民党政権に代わり、九三年に発足した細川内閣下の連立与党案では、当初、助成の総額は六〇〇億円（国民一人当たり五〇〇円）だった。法案段階で四一四億円となり、世論に配慮してさらに修正され、原案の半額にあたる約三〇〇億円に落ち着いた経過があった。それでも三〇〇億円超という政党助成額は、政党補助を実施している世界各国のケースと比べると、断然トップクラスの恵まれた金額である。

細川内閣に先立つ海部自民党内閣時代、政府・自民党は各政党の年間政治資金額を過去三年のデータから計約九〇〇億円と試算、政党助成、個人献金・党費収入、企業・団体献金をそれぞれ三分の一づつとして三〇〇億円の政党助成金をはじき出した。

助成金を全体収入の「三分の一」とくくったのは、国庫助成があまりに多額になると、国家権力が政党自治に介入し、国家に拘束されることになるのではないか、という危惧に対する配慮だった。当時、自民党の政治改革にかかわっていた伊東正義氏や後藤田正晴氏ら党長老が自治省幹部などと協議しながら図った措置だった。

政党助成法では、政党助成の配分額は、政党の前年収入の三分の二を上限とする規制も設けられた。しかし、この相対的上限である「三分の二条項」は各党のなれ合いであっさり撤廃されてしまった。

例えば、自民党が年間一〇〇億円の政党助成を必要とすると判断すれば、前年に一五〇億円の収入を確保しておかなければならない。政治資金集めが過熱するというのが廃止の言い分だった。資金収集能力の高い自民党に有利であるという背景もあったが、本音は「政治資金集めがわずらわしくなるような自分たちに都合の悪いものは削ってしまえ」ということだった。

自治省が九九年九月に発表した平成一〇年の政治資金収支報告（中央分）によると、各政党の収入に対する助成金依存率は、自民党＝五二％、公明党＝二九％、自由党＝六四％、民主党＝七六％、社民党＝四九％となっている。

公明、自由、民主党の数字には、分裂や新党結成に伴う一連の旧党からの引き継ぎ分を含んでいる。各政党とも地方支部の収入は含まれていない。平成一一年への繰り越し分もあるとみられるので、依存率は政党資金の実態を知るうえでの筆者試算による目安の数字である。

長引く不況で企業・団体献金や個人献金が集まらないという事情があるにしても、この依存率は高過ぎる。公明党を除いて、収入に対する依存率は旧政党からの引き継ぎ分などを除けば、五割前後というのが実態だろう。

政党の台所がいかに国民の税金に頼っているかが分かる。助成金依存率「五割」という線は、当初、構想された三割ラインをはるかに超えている。政党が自立性を保てるギリギリの危機ラインではないか。実際には、危機ラインをすでに突破しているかもしれない。政党の自助努力が極めて少ないといわざるを得ない。

公明党の依存率が、その他の政党に比べて低いのは、事業収入が、共産党の二七二億円に次いで、一二〇億円とひじょうに多いからだ。共産党は政党交付金を受けていない。共産党が申請すれば、交付されるはずの金額は、国庫に返還されず、申請した政党が分け合っている。

ただし、この事業収入も「機関紙誌の発行およびその他の事業による収入」といった形でくくられており、こんなに多額の収入が事業で得られるのかどうか、首をかしげたくなる一面もある。

自分勝手な政党論理

ちなみに、政党助成の先進国ドイツでは、政党法により、政党に対する国庫補助額は、総量規制

（絶対的上限額）が二億四五〇〇万マルク（約一四七億円、国民一人当たり一六八円、一ドイツマルクを六〇円と換算）と規定されている。さらに国庫補助額は、政党が自ら集めた収入金額を超えてはならないと相対的上限が設定されている。

政党助成額は、自分たちが集めた個人献金・党費、企業献金の総額を超えてはもらえないわけで、最大限五〇％の枠がはめられている。相対的上限額の設定で国庫補助の依存率を半分までと決め、その補助金額は、政党自身の自助努力と実績を重視し、それに応じて増えたり減ったりする仕組みだ。

ドイツでは、政党以外にも会派、政党系列財団に対する国庫補助があり、問題点も指摘されていることから、金額の多寡を日本と単純に比較することはできない。わが国の現状をみるとき、政党の実績と自助努力を重んじ、かつ国庫助成が政党収入の五割を超えないように配慮している点は、改革の指針になる。

九四年改革で、提起された政治家個人に対する企業・団体献金の禁止は、自民党の見送り方針撤回で、二〇〇〇年一月から禁止となった。ただし、違反者に対する罰則規定の適用は四月からで、駆け込み献金の余地を残した。

九五年に施行された改正政治資金規正法では、付則第九条に「施行後五年を経過した場合において、これを禁止する措置を講ずるものとする」とある。

「施行後五年」とは、二〇〇〇年一月だ。もともと当初の改革案では「五年を限りに認める」という文言だった。この条文なら、五年後には政治家個人に対する企業・団体献金は自動的に禁止されることになる。しかし、当時の与野党協議で「禁止する措置を講ずるものとする」に手直しされた。「措置を講じるものとする」という表現は、合理的理由があれば「措置を講じなくてもよい」と読む法令用語の常識なのだという。法律になじみの薄い普通の国民が条文を素直に読めば、五年後には禁止されると考える。悪知恵のはたらく人間はいるもので、五年前の手直し時点で、すでに禁止を先送りするつもりだったことになる。

「合理的理由」とは、自民党流にいえば、政治にカネはかかる⇩しかし、個人献金は集まらないし、政党助成金だけでは足りない⇩だから、企業・団体献金は継続する——といった主張だろう。他の政党の多くも、本音は似たようなものではないか。

二〇〇〇年一〇月には衆院議員の任期が切れる。それまでには総選挙は必ずあるわけで、自民党としても世論に配慮して「見送り撤回」は、やむを得ないと政治判断したわけだ。

カネをかけない政治、といった意識を徹底させ、体質改善を進めない限り、こうした議論は繰り返されるだろう。

政党助成金とは別に国会内の会派に対し、立法事務費が国会議員一人当たり月額で六五万円（年額七八〇万円）支給されている。会派は国会を構成する公的組織であり、政党はあくまで私的結社と色分けするならば、立法事務費と政党助成金は、性格を異にするものということもできる。

だが、政党と会派は構成する議員メンバーがほとんど重複しているのが実態だ。

さらに、立法事務費はそっくり政党本部へ繰り入れられ、政党経費にあてられるケースが多い。財源は双方とも国民の税金であるから、二重取りである、との批判も強い。

政治不信は政党不信

政党がこれだけ手厚い補助、特典を受けているのは、機能的にも、システム的にも、憲法体制下で欠かせない存在であるはずだからだ。政党は国民・有権者の期待にこたえているのであろうか。

政界再編の過渡期にあったとはいえ、政党の離合集散は激しく、政党助成金目当ての政党結成もみられた。九四年に発足した村山内閣は、その前年の総選挙で「反自民」を掲げて戦った社会党と、自民党が手を組んでできた政権だった。この自社さ政権は、多数党の自民党が少数党の社会党委員長を首相にかついだ、政権奪取だけを狙った工作によるものだった。

社会党は、この年に自衛隊を合憲とするなど、明確な説明のないまま、重要な基本政策を変更している。

政党が、政治・経済・社会状況の変化に応じて、政策を柔軟に変更していくことは必要である。しかし、政権の枠組みや重要な基本政策を変えるさいは、総選挙で十分に説明し、有権者の審判を仰ぐべきだろう。恣意的な政権の成立は、国民の政治不信を増加させる。

こうした状況をみると、政党が本来の役割を果たし、その機能を十分発揮しているとは、到底思えない。分裂、再編騒ぎは今後も続くかもしれない。自由党の連立離脱問題は、今後の政局の一つのポイントである。

支持政党なしの無党派層が有権者の五〇％を超えているのは、政治不信と無縁ではない。読売新聞社が一九九八年四月に実施した「政党に対する意識・全国世論調査」によると、「政党に欠けているものは何か」という設問に対し、「国民の立場で考える姿勢」という答えが、飛び抜けてトップで六一％（複数回答）だった。政党が国民の要求や不満・不安をくみ取っていないという有権者のいらだちが如実に表れている。二番目は「政策立案力や実行力」で三八・五％だった。

さらに全体の五四％を占める無党派層に「今後、政党を支持することがあるかどうか」を聞いたところ、半数を超える五四％が、今後も政党を支持することはないと答えている。政治不信は政党不信であることが分かる。一九九九年一二月の読売新聞世論調査では、政党や政治家の信頼度は、「信頼していない」が、「あまり」「全く」を合わせると七二％に上った。無党派層は五二・二％で、このうち、「今後、政党を支持することはないと思う」は、六〇％に達している。

政党とは、政治体制のなかで権力を獲得し行使する集団でもある。そのために、権力闘争が必ずつきまとうものだ。

しかし、権力志向優先の「永田町の論理」と国民の声とのかい離は、調査の結果で分かるようにあまりにも大きい。政党の体質そのものが、国民の要求を反映させ集約するという本来の代表機能よりも、権力集団としての姿に傾斜しすぎている。

こうした政党のゆがんだ姿を本来果たすべき役割を発揮させる組織に再生させる方法はないものか。政党自身の自助努力による再生を第一義的に重んじるべきではあるが、国民の監視や参加にゆだねる方策があってもよいのではないだろうか。

二〇〇〇年から国会に初の憲法調査会が設置された。幅広い憲法論議が期待されるなかで、政党の在り方についても真剣な審議を望みたい。

筆者は憲法のなかに政党をきちんと位置づけたうえで、政党の健全な発展のために政党法を制定することが必要であると考えている。具体的提案については後述する。

法律で異なる政党の定義

その前に政党とは何か、その定義について整理したい。

日本国憲法には政党に関する明文規定がない。憲法二一条一項の「集会、結社及び言論、出版その他一切の表現の自由は、これを保障する」に基づく結社であるとされている。

ただし、淵源は自主的で私的な結社ではあっても、現代では、一般の私的な結社とは大きく異なる公的性格や公共性をもった存在である。

政党に関連した法律をみると、政党の要件、定義と称されるものが規定されている。公職選挙法には政党の要件が、政治資金規正法、政党助成法、政党に対する法人格付与法には、政党の定義と要件がそれぞれ書かれている。

政治資金規正法三条（定義等）の一項によれば、まず「政治団体」の定義は次のようになる。

一、政治上の主義若しくは施策を推進し、支持し、又はこれに反対することを本来の目的とする団体

二、特定の公職の候補者を推薦し、支持し、又はこれに反対することを本来の目的とする団体

三、前二号の掲げるもののほか、次に掲げる活動をその主たる活動として組織的かつ継続的に行う団体

イ、政治上の主義若しくは施策を推進し、支持し、又はこれに反対すること。

ロ、特定の公職の候補者を推薦し、支持し、又はこれに反対すること。

第三条の第二項では、この法律で「政党」とは、政治団体のうち、

一、衆議院議員又は参議院議員を五人以上有するか、

二、直近の国政選挙で有効投票総数の一〇〇分の二（二％）以上であるもの――、である。

政党助成法第二条（政党の定義）によると、「政党」とは、国会議員五人以上を有すること、または、国会議員が一人以上いて、直近の国政選挙で二％以上を獲得したもの、と規定されている。

前者は規正法と同じだが、後者は「国会議員が一人以上」という条件が付き、「定義」が異なっている。政党関連の法律とはいっても、政党の定義は、それぞれ異なっている。新党が登場する場合、公職選挙法では政党として扱われるが、政治資金規正法では、選挙が終了するまでは、政党とは異なる政治団体として扱われる。法の趣旨が異なるから、「政党」の条件にも差があるということなのだろうが、政党を定義するうえで混乱する側面をもっていることは否定できない。

政党に対するこうした個別の定義は、政党の本質や機能に一部言及するものではあっても、それぞれの法律に適用される要件であるといったほうがいい。

見方を変えれば、わが国には単独の政党法はないが、さまざまな分野で政党を規定したり要件を決めたりする法律があり、必要な部分をピックアップして集めれば、まとまった政党法になりうるということだ。前述した公選法、政治資金規正法などのほか、議会政党に関しては国会法が対象となろう。

政党の定義の最大公約数

政党の範囲を最広義にとれば、「政党を自称する組織」ということになろうが、これではあまりにも漠然としている。政治家であり思想家でもあった英国のE・バークは、一八世紀当時、「政党とは、その成員全部の一致した特定の主義、主張に基づき、互いに協力して国民的利益を推進することを目的とする人々の結合体である」と定義した。

英国の政治学者・E・バーカーは「政党は二重の性格ないしは性質を持っている。つまり、政党は、一方の端を社会に、他方の端を国家にかけている橋である。別に表現を用いると、社会における思考や討論の流れを政治機構の水車にまで導入し、それを回転させる導管、水門である」（E・バーカー・足立忠夫訳『現代政治の考察』、三六頁。一九六八年、勁草書房）と表現した。

現代政党学の一人者・G・サルトーリによれば「政党とは、選挙に際して提出される公式のラベルによって身元が確認され、選挙（自由選挙であれ、制限選挙であれ）を通じて候補者を公職に就けさせることができるすべての政治集団」（G・サルトーリ・岡沢憲芙、川野秀之訳『現代政党学』、一〇一頁。一九九六年、早稲田大学出版部）である。

政党とは、「一定の政策を掲げ、それに対する国民の支持を背景に、政府機構の支配の獲得・維持を通じてその実現をはかろうとする、自主的、恒常的な政治団体」（佐藤幸治『憲法〔新版〕』一一九頁、一九九二年、青林書院）、とするのが最大公約数であろうか。

政党を定義するには、次のような要素に留意しなければならない。

① 一定の理念、政策がある。それは国民の意見、要望を吸い上げたものである。

② その政策を掲げ、選挙で議席を得るよう運動する。

③ 最終的には、政策実現のため、政府機構の獲得・行使・維持をめざす。

④　したがって、権力をめぐって闘争する結社でもある。
⑤　その運動は継続的である。

政党とは、「国家と社会・国民を結ぶ媒介であり、一定の理念・政策を掲げ、選挙を通じて、その支持をもとに、公職の候補者を当選させ、政策の実現のため、政治権力の獲得をめざして継続的な活動をおこなう組織」としよう。

筆者としては、国政レベルで影響力を行使する意図のある団体を政党と認識している。一定期間、国政選挙にまったく候補者を立てない団体は、政党とはいえないのではないか。地域政党にしても最終的には、国政に影響力を及ぼすことを目標にする存在であると考えられる。

混乱する憲法解釈

憲法二一条の「結社の自由」を政党の根拠規定にすれば、「国家機関化したり、あるいは特別の制限・禁止対象とすることは許されず、一般の結社と同様、政党結成・不結成の自由、政党への加入・不加入の自由、党員の継続・脱党の自由、政党の自治的活動の自由が保障される」（前掲・佐藤幸治、一一八頁）。

学説上も、政党に関しては、社会団体説（私的な結社）が通説である。憲法には四三条一項に「両議院は、全国民を代表する選挙された議員でこれを組織する」とあり、五一条には「両議院の議員は、議院で行った演説、討論又は表決について、院外で責任を問はれない」と規定している。

前者の「全国民の代表」とは、選挙区や特定の利益団体の指示や委任にとられず、個別利害からの議員の独立を意味する。後者は、議員の発言の自由を保障し、やはり議員の独立した判断、言動を尊重するものだ。国会議員を含む公務員の中立性を定めた一五条二項の規定もある。

こうした条文は、議員活動を拘束する政党に対して、消極的含意を示しているという解釈もある。憲法自体が政党に関しては、警戒的であるというわけだ。

反面、選挙で公約し支持された施策を具体的政策とし、党議拘束をかけて国会で実現しようとするのは、政党として当然の役割だ。こうした政党の行動がなければ、選挙で示された「民意」は、裏切られる結果となり、憲法の大原則である国民主権は、まったく要をなさぬことになる。

「憲法の定める議会制民主主義は政党を無視しては到底その円滑な運用を期待することはできないのであるから、憲法は政党の存在を当然に予定している」のであり「国民の政治意思を形成する最も有力な媒体」（一九七〇年六月、八幡製鉄政治献金訴訟に対する最高裁判決）なのである。

憲法が政党の存在を前提としているのに、憲法が政党に対して消極的であるとするなら、たいへんな矛盾である。議員として選出されたうえで、その議員が政党を選択した、とでも考えるのだろうか。解釈上、極めて分かりにくい。

混乱があるといってもよいのではないか。

政党条項導入の提案

政党が国政の運営を実質的に左右する存在であることは明白であるから、憲法二一条による一般の私的結社とは、性格がまったく異なることは明らかだ。

憲法にきちんとその位置づけ、役割を書き込むことが必要ではないか。政党条項の導入である。

そこで次のような憲法改正の提案をしたい。

日本国憲法第一章　国民主権

第一条（国民主権）　主権は国民に存する。すべて国の権能は国民に発する。

第二条（主権の行使）　国民は、正当に選挙された国会における代表者を通じて、主権を行使する。

第三条（政党）　①　国民は、その政治的意思の形成に資するため、政党を結成することができる。

②　政党は、国民主権の原理に基づき、民主政治の発展に努めなければならない。

第四条（国民の要件）　日本国民たる要件は、法律でこれを定める。

第一章に国民主権を置く関係上、「天皇」は第二章として独立する。

提案の三条一項では、国民がだれでも政党を結成できること、その政党は国民の利益や要求（政治的意思の形成）を具体化するための存在であること、を示した。

二項では、政党があくまで国民の側に立った存在であること、その上で民主主義の発展に努める役割を担う組織であることを表した。国民主権との関係を重くみて、第一章に政党を置いたかなり思い切った案であると思う。政党条項のある憲法をもつ各国の例をみると、統治機構の章に置いたり、基本権の項に置いたりさまざまである（各国憲法の政党規定、条項は別掲）。

この政党条項案は、一九九三年、読売新聞社の憲法問題研究会が作った改正試案の素案にあったものだ。一九九四年に発表した改正試案では、同条項の導入は見送った。さらに研究を進めようということになったからだ。

むろん、これは一つの提案である。議論のタタキ台としての問題提起と考えてほしい。筆者個人としては、こうした政党条項が必要と考えている。「国会」の章に置くことも可能であるし、「国民の権利及び義務」の章で「結社の自由」の条文の前後に書き込むことも考えられる。

憲法に政党条項を導入しても、現在の政党の体質は改善されないし、民主主義が成熟するものでもない、といった反論がおそらく出てくるだろう。しかし、国の基本法である憲法に規定があるかないかで、その意味合いは大きく異なる。

政党が現実に果すべき国民の政治的意思形成の反映、集約機能を公認し、民主主義発展を担う存在であることを憲法に明文化することは、政党の国政上の位置づけを明確化することになる。解釈の混乱も生じない。

反面、政党は内外の政治、経済、社会状況で変化していくものであるから、細部にわたってまで基本法である憲法で規定する必要はない。必要なものは、政党法を作って、書き込めばよい。

諸外国憲法の政党規定（条項）

ドイツ連邦共和国基本法

第二一条〔政党〕

1　政党は、国民の政治的意思形成に協力する。その設立は自由である。政党の内部秩序は、民主主義の諸原則に適合していなければならない。政党は、その資金の出所および使途について、ならびにその財産について、公的に報告しなければならない。

2　政党で、その目的または党員の行動が自由で民主的な基本秩序を侵害もしくは除去し、または、ドイツ連邦共和国の存立を危くすることを目指すものは、違憲である。違憲の問題については、連邦憲法裁判所が決定する。

3　詳細は、連邦法律で定める。

フランス共和国憲法

第四条〔政党〕

政党および政治団体は、選挙における意思表明に協力する。政党および政治団体は自由に結成され、かつ自由に活動を行う。政党および政治団体は、国民主権と民主主義の原理を尊重しなければならない。

イタリア共和国憲法

第四九条〔政党結成の権利〕

すべての市民は、民主的な方法で、国の政策の決定に協力するために、自由に政党を結成する権利を有する。

スペイン憲法

第六条〔政党結成の自由〕

複数政党の存在は、政治的多元主義の表明であり、政党は、国民意思の形成および表明に協力し、かつ政治参加の基本的手段となる。政党の結成および活動の遂行は、憲法および法律を尊重し、それらに反しない限り自由である。政党の内部組織および活動は民主的でなければならない。

大韓民国憲法

第八条〔政党〕

1　政党の設立は、自由であり、複数政党制は、保障される。
2　政党は、その目的、組織および活動が民主的でなければならず、国民の政治的意思形成に参与するのに必要な組織を有しなければならない。
3　政党は、法律の定めるところにより、国家の保護を受け、国家は、法律の定めるところにより、政党運営に必要な資金を補助することができる。
4　政党の目的および活動が民主的基本秩序に違背するときは、政府は、憲法裁判所にその解散を提訴することができ、政党は、憲法裁判所の審判により解散される。

ロシア連邦憲法

第一三条〔イデオロギーの自由と社会団体〕
3　ロシア連邦では、政治的多様性、多党制が承認される。

（『世界の憲法集・第二版』阿部照哉・畑博行編、一九九八年、有信堂）

これまでの賛否両論

憲法に政党条項を導入することの是非は、これまでも議論されたことがある。

一九六四（昭和三九）年、最終報告書を出した内閣の憲法調査会（高柳賢三会長）での賛否両論が参考になる。年代的にみれば、三六年前ではあるが、当時のそれぞれの主張は、いまでも続いているからだ。報告書によれば、賛否については「委員の数はほとんど同数」であった。ただし、政党が国政上に果たす重要性については委員のほとんどが認めている。論点を整理して紹介する。

憲法に政党条項を書き込むことに賛成する意見は次のようなものだ。

①議会制民主主義において政党が営んでいる重要な役割にかんがみ、政党に憲法上の地位を与える②政党の性格および内部組織が民主主義の原則に立つべきものであることを憲法にさだめ、政党法の根拠とする③健全な政党政治の発展を期すために憲法に政党の在り方を明示すべきだ。

反対論は以下である。

①自然発生的な結社である政党は憲法の外にあるもので、国法に規制されないことで機能を果たす②政党の在り方について原則的抽象的な規定を設けても趣旨は達成できないし、詳細に規定すればかえって政党政治を規制する③今日の政党の諸問題は、単に憲法に規定を設け、政党法を制定することによって解決はしない。

筆者は、二一世紀に向け、連立政治の時代が続くと思っている。五五年体制下で一党優位を維持した自民党には、衆参とも単独で過半数を獲得できる力はないと思う。各種世論調査をみると、自民党の支持率は二〇％台から三〇％台を推移している。三分の一政党である。

自民党は政権の基軸になるではあろうが、今後も二―三の政党による連立政権が続くのではないか。衆院の選挙制度が単純小選挙区制になれば、あるいは二大政党制か二大勢力に分かれる体制になるかもしれない。筆者は、政権交代のある二大政党制を目指して、政治改革を試みた以上、この方向で実験を続けるべきであると考える。

だが、選挙制度改革は、各政党が生き残りをかけてシノギを削るものである。現実問題として、簡単に合意はできないだろう。小選挙区が比例代表と並立している限り、中間的政党はなくなるまい。

二〇〇〇年には、人口を調べる国勢調査がある。二〇〇〇年国調の速報値は、多分、一二月に出て、二〇〇一年春には、確定値が発表される。九九年三月末現在の住民基本台帳人口に基づいた試算では、小選挙区の格差は二・四四六倍に拡大している。現行の配分方式で格差一対二を維持するには、すでに五増五減の措置が必要となっている。

二〇〇一年には、二〇〇〇年国調の結果を受けて、小選挙区の区割り変更作業が始まることになる。その際、比例代表を全廃するか、比例代表の比率を大幅に減らして、小選挙区中心の選挙制度に改めるべきだ。並行して参院の選挙制度も検討すべきである。

選挙制度は衆参両院セットで設定されるもの、と筆者は考えている。衆院が小選挙区制なら、参院は比例代表や地域代表色を加味した制度が望ましい。両院で同じような選挙制度では、選出母体が重複し、両院制の意味が薄れてしまう。この点は、「二院制を考える」――参院の改革問題の別稿で述べた。

政党の新たな役割

連立政権時代には、自民党の一党優位だった時代とは異なった役割を政党に課す。政党の理念、政策、価値観といったものが有権者にとって、いままでより、いっそう重要になる。どういう政党と政党が政権を形成するのか、リーダーにだれを想定するのか。

政党のめざすべき方向や政権構想は、有権者が国政選挙とくに総選挙で投票するにあたっての大きな判断材料になるものだ。

こうした点に関連する政党の内部秩序、財政関係、政治過程における政党と国家の関係などは、憲法の政党規定を受けた形で政党法を作ればよいのではないかと思う。

政党法制定というと、自発的な結社である政党を規制するものであるから、好ましくない、という意見が必ず出るだろう。しかし、同窓会や町内会といった権利能力なき社団ではあっても、その運営などには、ある種のルールや約束事はあるのである。これを規制というにはあたらない。

政党は、「政党交付金の交付を受ける政党等に対する法人格の付与に関する法律」(九五年施行、政党法人格法)で、「権利能力なき社団」から法人格をもつことができる存在になったのである。法人格を持つことによって、われわれの収めた税金から政党助成を受けている。一定のルールがあるのは、むしろ当然である。「国会議員五人以上」「有効投票総数の二％」といった要件は、資格であり規制そのものなのである。

読売新聞憲法問題研究会は、九八年五月、「政治・行政の緊急改革提言」のなかで、政党に関して、次のような提案をしている。

一、政権構想の明確化

構想には①政策②政策の優先順位③連立政権のパートナー④首相候補——などを盛り込む。過半数の候補者を擁立しない政党は、連立政権を目指すか否かを含めて提示する。

二、政党交付金の使途制限

政党交付金の使途は、政策研究、有権者への政策説明、人材の養成、選挙運動などに限定する。政党は、政党交付金を申請する際、使途計画をあらかじめ公表する。使途の結果は国会にも報告する。政党交付金を申請しない政党の交付金は国庫に返還する。

三、立法事務費の使途公表

四、政党の内部情報公開

政党は、政策、組織、経理内容、人事、党首選挙、国政選挙の候補者決定過程など、党の運営や活動に関する情報をすべて公開する。

この他、内閣に関連して「与党の事前承認慣行の廃止」、国会に関連して、「政党間討議の創設」

「党議拘束の見直し」などを提言した。

「事前承認慣行の廃止」や「党議拘束の見直し」などは、憲法解釈との関連で触れた「独立した国会議員」と「政党」との関係を整理するものである。

いずれも政党が本来の代表機能を発揮し、国民の信頼を回復するために必要と考えられるものだ。政党運営の透明性は、現在の政党にもっとも欠けている点である。説明責任（アカウンタビリティ）を果たすことは、有権者とのコミュニケーションを回復させるポイントである。インターネットなどを通じた情報の速やかな開示は、二一世紀に向け、「開かれた政党」のイメージを定着させ、国民の政治参加意識の向上につながるだろう。

こうした努力を怠った政党は、国際化、情報化が急速に進む社会で、到底生き残れないと確信する。この提言の趣旨を制定する政党法の骨子としたい。立法にそぐわない点があるのは、承知している。第一の「政権構想の明確化」は、前述したように総選挙で、有権者の投票にあたっての大きな判断材料になるものだ。政党法の条文よりは、政党の選挙公約や政綱にうたうものだろう。趣旨を政党法の目的や総則で、明示すればよい。

政権維持、政権奪取だけを狙った無節操な政党の組み合わせは、政治から国民をますます遠ざける。総選挙にあたっては、明確な政権構想を示し、有権者の判断をあらかじめ仰ぐ必要がある。政策を示したうえで、どの政党がどの政党と連立を組む用意があるのか、その際、リーダーにはだれを想定しているのか。政権構想は、有権者の投票の指標となるものだ。

選挙結果によっては、構想を変えざるを得ない状況も出てくるかもしれない。基本線と大枠だけははっきりさせてもらいたい。現在の主だった政党をみると、共産党を除いて、各政党または政党のメンバーは政権に参画した経験を持っている。ある程度の学習効果はあったであろうから、政権構想を事前に提示する重要性は理解しているはずだ。

政党助成金配分に民意を

政党交付金をめぐっては、中島洋次郎元代議士の悪質な流用事件にみられるように、導入の趣旨をまったく理解していない政治家がまだまだ多い。三〇〇億円を国会議員の数で割ると、一人当たり年間四〇〇〇万円ほどになる。某政党では、党執行部に「四〇〇〇万円づつ配れ」と迫る議員もいたそうである。趣旨を踏まえないで、いい加減な使い方をしているケースは、まだかなりありそうである。

使途は政党の公的活動に必要なものに限り、使いみちの中身を公表すべきだ。

「政党は公的存在だから助成金はもらうが、本来は私的結社だから使途は公表しない」などという身勝手な論理は許されない。

政党助成は、「民主主義のコスト」という、うたい文句で導入された。有権者割りではなく、人口割りになっているのは、民主主義のコストは国民それぞれが分担するもの、といった論理であろう。

だが、支持していない政党にも、国民の税金が自動的にわたるという点は釈然としない。

九八年の提言にあたって、読売新聞憲法問題研究会の討議では、国政選挙の投票のさい、有権者が自分の二五〇円は、この政党に助成して欲しいという意思表示をする案が検討された。候補政党、候補者への投票とは別に、助成金配分希望票を一票用意し、政党助成の配分を有権者の選択に任せるという考え方だった。

結局、提言に至らなかったのは、現状のような政治不信が強いなかでは、有権者の大部分が配分用紙に×印を書くなど、税金による政党助成に拒否の意思表示をするのではないか、という懸念からだった。そうなると、三〇〇億円のかなりの部分が国庫に返還されることになりかねない。

有権者はスッキリするかもしれないが、政党助成金が激変することによって生まれる混乱が避けられない。時期尚早が見送りの理由であった。

開票事務が煩雑になるのではないか、という技術的事情も考慮された。

例えば、一般投票とは別に投票箱が必要なこと、配分票の投票箱に一般票が紛れ込んだ場合の整理などが考えられた。手間ヒマと予算は必要になるが、政党に対するショック療法として、導入すればおもしろいのではないか。

政党助成金の在り方を考える場合、一番、問題なのは、政党助成を受ける国会議員に国民の税金から支出されているという意識が薄いことだ。「税金だから一円たりともおろそかには使えない」と認識している議員や候補者は極めて少ないと思う。

政党法を制定し、政党助成の配分を投票で決めることにすれば、政党や国会議員の自覚は向上するだろうし、結果として一般の投票率も上がるかもしれない。

ドイツの市民ボーナス制

似た制度はすでにドイツで提言されている。一九八三年、連邦大統領の下に設置された政党財政再編に関する専門家委員会報告書では「市民ボーナス」制が提案されている（「政党財政再編に関する報告書」国立国会図書館調査立法考査局編、一九八四年、一七二―一七三頁）。

この制度は、国庫から支出される選挙運動補助を決めておき、連邦議会、欧州議会選挙で、投票する有権者が、補助を与えたいと考える政党、場合によっては個人立候補者にボーナス・カードを投じるシステムだ。

国庫補助はカード数に応じて配分される。カードは投票した政党と同一である必要はない。したがって、有権者は投票権のほか、もう一票の政治参加権をもつことになる。

政党が大量のカードを獲得したければ、有権者の信頼を得る必要がある。政党は絶えず緊張感をもって、有権者の声を注意深く聞き、政策の具体化に望まなければならない。有権者にしてみれば、配分について、公平な自主的選択権をもつことになる。

具体的な市民ボーナス額は決めなかったが、報告書によれば「一九八三年については例えば五マルクという額」があげられている。一ドイツマルク六〇円換算で三〇〇円である。

ボーナス・カードは投票用紙とともに投票所で交付される。有権者はボーナスを与えようとする政党に印をつけ、選挙投票と別に投票する。報告書は「投票手続と連結させれば、簡単かつ経費の面で有利に具体化することができる」と強調している。

一九五七年には、政党法委員会が「市民募金」制を提案している。これは自分の支払う税金から、低額の金額を支持政党に支出する場合に限り、その寄付金について租税上控除が受けられるという制度だ。

いずれにしても国庫補助の配分に何らかの形で国民の意向を反映させようという制度である。ドイツでも提言が実現していないところをみると、各政党とも有権者の反応が恐ろしくて踏み切れないというのが本音だろう。

こうした制度そのものは実現していないが、趣旨を生かそうという改正努力はみられた。ドイツでは、政党助成の配分や助成額を決める政党法が七次にわたって改正されている。直近の改正は一九九八年一二月の第七次改正で、絶対的上限額が物価上昇分に合わせ、二億三〇〇〇万マルクから二億四五〇〇万マルクに増やされた。

抜本的な政党法改正は、一九九四年の第六次改正だった。九二年、ドイツ連邦憲法裁判所は、「緑の党」の訴訟を審議した結果、それまでの政党助成に関し、従来の判例を覆して、違憲判断を下した。八三年・第四次改正および八八年・第五次改正で大幅に拡充された政党に対する国庫補助の見直しを求めたものだった。

九四年改正は、その違憲判決を受けての大幅見直しで、九三年の政党財政援助に関する専門委員会勧告に基づく作業だった。

ドイツの政党助成は、選挙運動費用補助など直接補助と寄付・党費について税控除を認める優遇措置による間接補助だった。

まず、違憲判決の内容を簡単にみてみよう。

① 八八年改正で創設された各党均一に支給される基本補助は違憲。有権者の支持を獲得しようとする政党の努力と関係なく補助することは、政党が社会的基盤を失っていく危惧がある。

② 個人・法人とも六万マルクまでの寄付・党費について税控除を認めた規定は違憲。法人として寄付をしたものは、個人としても献金でき、二重の税の優遇措置が受けられることになる。個人としても、六万マルクの上限は高過ぎる。こうした献金による優遇措置は、高額所得者だけが受けられることになるので、政治意思の形成に参加する有権者の平等の権利に反する。

③ 八三年に創設され、八八年に拡充された機会均等化調整金制度は違憲。同制度は、資金力の多い政党と比較的弱い政党との格差を埋める名目で税の優遇措置などが認められた。しかし、諸政党間

で新しい不平等が生まれている。

④　八八年改正で寄付者の氏名などを公表することが義務づけられた最低限度額を四万マルクに引き上げたのは違憲。改正前の二万マルクが妥当。

この判決に沿って、概略次のような九四年新政党法が施行された。

①　選挙運動費補助、基本補助、機会均等化調整金の三本立て補助を一般的国庫補助に一本化。配分基準は別表参照。

②　絶対上限額二億三〇〇〇万マルク（九八年改正で、物価上昇分一五〇〇万マルク上乗せ）と相対的上限額の設定。相対的上限額は、国庫補助は政党収入の一部であるべきとの原則から、国庫補助額が政党が自己調達した年間総額を超えてはならない。

③　寄付・党費に対する税の優遇措置は法人については廃止。個人献金への税額控除など優遇措置は、年間六万マルク（夫婦合算の場合は一二万マルク）だった従来の額を年間六千マルク（同一万二〇〇〇マルク）に引き下げる。

④　二万マルクを超える献金者は氏名、住所などを公表。

一見、複雑なようだが、選挙実績や献金集めなどを政党自身の努力の結果とみて、その成果に応じて国庫補助が決まるシステムになっている。かなり徹底した業績主義の考え方だ（日独政党助成比較は別表）。

日独の政党助成比較

根拠法（制定年）	政党助成法（1994年）	政党法（1967年）
補助の種類	政党に対する一般的補助	基本法に基づき一般的に政党に義務づけられた活動への部分的補助
補助総額	約314億円（基準日の直近の国勢調査での人口確定数に250円を乗じて得た額）	連邦・州あわせて２億4,500万マルク＝約147億円（絶対的上限）
人口 人口一人当たり金額	１億２千557万246人 人口１人当たり250円	人口8191人 人口１人当たり2.81マルク＝約168円
受領資格	⑴所属国会議員が５人以上の政党 ⑵国会議員を有し、前回衆議院総選挙、前回参議院通常選挙、前々回参議院通常選挙のいずれかの、比例代表か選挙区選挙での全国得票率が２％以上の政党 ＊交付を受ける政党は上記の要件を満たし、かつ法人となっていることが必要である。	⑴政党名簿への投票が、欧州議会、連邦議会選挙のいずれかで0.5％以上又は州議会選挙で１％以上あった政党。 ⑵一つの州で名簿提出が認められなかった政党の場合は、選挙区、投票区で10％の得票があったもの。
配分方法	総額の半分を各党の国会議員数の割合で、残りの半分を前回総選挙、前回通常選挙、前々回通常選挙の得票数の割合で配分する。	上記⑴の政党に対して年間得票数×１マルク（５百万票までは1.3マルク）、及びその政党が集めた自然人の党費・寄付１人当たり６千マルクまでの１マルクごとに0.5マルクを補助。 上記⑵の政党に対して年間得票数×１マルク（５百万票までは1.3マルク）を補助。 そのほか、欧州議会選挙に候補者を立て、0.5％の得票があったその他の政治団体へ、年間得票数×１マルク（５百万票までは1.3マルク）の補助。さらに連邦議会選挙の無所属候補者で10％以上の得票があった者へ、得票数×４マルクの選挙運動費用補助あり。
見返り規制など	・一件当たり５万円以上の支出先等を記載した報告書を自治大臣に提出。	・政党は会計報告書により毎年の収支を公開。（２万マルクを超える献金があった場合、献金者の氏名、住所、寄付金総額を明示） ・国庫補助額は、政党が自ら集めた収入額を上限とする。（相対的上限）

※　１ドイツマルクを60円と換算。国立国会図書館政治議会課作成。

政党が集めた政治資金額に国庫補助額が連動する点には批判もある。政党の資金集めが過熱する可能性もあるからだ。しかし、日本の政党や議員が、政党助成はもらって当然と考えているのなら、自助努力を促すものとして、ドイツの配分方式を厳しく受け止めてもらいたい。

（加藤孔昭）

憲法裁判所は必要か

序　国旗国家法違憲無効訴訟

「国旗国家法は憲法に違反し無効であるとの判決を求める」、「靖国神社公式参拝は憲法に違反しないとの判決を求める」。このような訴えは、現行制度の下では不適法として却下されてしまう（実質審査に入る前段階のいわゆる門前払いの判決）。わが国の現行違憲審査制は、例えば国家賠償請求訴訟や刑事事件のような具体的な紛争の処理に必要があれば、その限りで憲法判断に踏み込むという付随的違憲審査制を採用しており、何らかの紛争の解決とは無関係に、ある法律や政府の行為が憲法に違反するかしないかを判断するような仕組みになっていないからである。では、立法政策（ないしは、憲法改正の検討）として、裁判所が具体的事件を離れて法律の憲法適合性を判断することができるようにすべきか否か。（いわゆる憲法裁判所創設論）。憲法裁判所を設置すれば、確かに具体的な紛争の出現を待たずに憲法裁判が行われるから、違憲の法令が早期に排除されるし、審査も比較的短期間で行われ、迅速に憲法判断が下されるというメリットはある。

ただ、法の支配を貫徹するためぜひとも憲法裁判所を設置すべきである…との議論は、その場合に生じうる政治部門と裁判所との紛議を考えれば、おそらくナイーブな定式であろう。憲法裁判所を創設しようという主張が、政治的なイッシューを裁判所が即座に裁断し、政治部門の行為をジャスティファイすることを狙ってされているという要素もまったく否定できないと思われる。

また、わが国の裁判所は違憲審査について司法消極主義であるともいわれるが、いかにして違憲審査を活性化させるか（ないしはむしろ、その必要などないと考えるのか。）。

この問題は、わが国の二一世紀の統治システムをどのように構想するかに関する試金石ともいえる。

第一　違憲審査制の根拠

違憲審査とは、裁判所が憲法を基準として下位の規範である法律（あるいは、公権力の処分）の有効・無効を判断することをいう。アメリカを例に取るならば、一九三〇年代にニュー・ディール諸立法を矢継ぎ早に違憲として消極的自由主義国家から積極的福祉国家への転換を図ろうとした政治部門と対立したのも、また、人種差別について「分離すれども平等」のテーゼを覆して公立学校における黒人差別の禁止を徹底させた黒人分離教育違憲判決も、同じく違憲審査の産物である。

このように、社会変革を阻害したり、また、社会を根底から変えてしまうほどの衝撃力を有する違憲審査制は、いかなる根拠で設けられているものなのか。まず、基礎的な部分を考えてみよう。

第一に、違憲審査の理論的根拠は、憲法の最高法規性（わが国についていえば、日本国憲法九八条「この憲法は、国の最高法規であって、その条規に反する法律…は、その効力を有しない」）に根拠を見いだすことができる。憲法は、最高法規性を担保するための装置として違憲審査制を設けた。といっても、議会や行政府は「憲法の指示に従うべき道徳的な義務と同時に法的な義務にも服しているが、この指示に従っているか否かは彼ら自身の判断にまかされている」（ドゥウォーキン『法の帝国』第一〇章）という制度もつくることができる。

現に、一九世紀（近代憲法成立時）には、基本的人権は、議会が制定する法律によって保護されるという思想の下、違憲審査制が設けられることはなかった（アメリカだけが例外中の例外）。憲法を解釈し、その保障を図る役割は、議会によって担われていたといえる。明治憲法も最高法規性を有していたが、美濃部達吉はその解釈として「立法権に対しては、裁判官は絶対服従の地位に存る。裁判官は法律に従って裁判を行うことを要するもので、法律が形式上有効に成立した以上、其の内容が憲法に違反するや否やに付いては、裁判官は之を審査すべき権能は無い」（美濃部達吉『日本憲法の基本主義』）と述べ、また、「法律は固より憲法の下に在り憲法に違反することを得ざるものにして、憲法に違反する法律は無効ならざるべからざるが如しと雖も、法律の内容が果して憲法に抵触するや否やは立法権者自らが最高の解釈権を有し、裁判所は自己の見解を以て此の解釈に対抗するの権能を有する者に非ず、随て此の点に付ては裁判所は之を審査する権能を有せざるものと解すべし」（同『憲法撮要』）としている。革命以降のフランスその他ヨーロッパ大陸における近代国家においても、人権は議会（立法）によって保障されるという思想がとられていた。法律は、君主に隷属して権力をふるった裁判所に対する防波堤だと考えられた（芦部信喜『司法審査制の理念と機能』）。

しかし、実際には基本的人権はむしろ立法によって侵害されるという経験、憲法を侵害する法的機会と政治的誘因を有する議会…に憲法保障作用を期待するのは不適当であるということが（『憲法講座4』所収、池田政章「違憲審査制」）法律に対する違憲審査を基礎づけた。

第二に、基本的人権尊重の原理に、違憲審査制の理論的根拠を見いだすことができる。すなわち、立法、行政により基本的人権が侵害される場合にそれを救済するために、裁判所又はこれに類する機関に憲法の番人としての役割を担わせる。司法の役割は、「時々の実質的支配者である多数者の専横に対し、被治者ともいうべき少数者孤立者のために、憲法で保障している基本的な自由や人格を擁護することにある。裁判所は、多数意見に基く統治作用である立法や行政が、社会契約である憲法の規定に適合して行われるか否かを監視し批判する立場」（兼子一『新憲法と司法』、笹田栄司著『裁判制度』参照）にあるという観念が、違憲審査制を根拠づける。

第三に、違憲審査権を通常の司法裁判所に担わせることについては、三権分立の原理に根拠を求めることができる。三権分立といっても、バリエーションがある。三権分立「であるからこそ」、裁判所に違憲審査権は認められないのだ、という結論を導く立法府優位の三権分立（ルソー流の伝統的なフランスの考え方）もある。ここでいう「三権分立」とは、モンテスキュー流のすぐれてアメリカ合衆国的な意味での三権分立である。アメリカにおいては、圧政的なイギリス議会の制定法と人権を侵害した革命期の州の法律が立法権不信の思想を強め、三権は憲法の下に平等の地位を占める、というよりも、むしろは立法権は制約すべきだというように観念された。「…何よりも立法部をその権能として与えられた権限の範囲内にとどめておくために、裁判所が人民と立法部との仲介機関となることを意図したと考えるほうが筋がとおっている。法の解釈こそ、裁判所の適当にして固有の領域である。憲法とは、まさしく根本法なのであり、かつ判事たちによって根本法とみなされるべきものにほかならない。したがって、憲法の意味を確定し、また立法機関の制定する特定の法律の意味を確定することは、判事の権限に属することとなのである。」（フェデラリスト七八篇　岩波文庫『ザ・フェデラリスト』より抜粋）

以上が、違憲審査制の理論的な存在根拠であるが、更に突っ込んで、それを数人の裁判官が行使することについては、シビアーな議論がある。

第二　違憲審査をする裁判官の正統性に関する議論

違憲審査の「非民主性」

「憲法の番人」という言い回しがあるが、違憲審査とは、国民（主権者）と選挙によって直接に結びついている議会が制定した法律を、国民との結びつきがないか、あるとしても希薄な裁判所が無効にしうるというものであるから、「民主主義」のうち多数派支配の要素を重視する場合には、非民主的な制度ということができる。アメリカ連邦最高裁判所判事をつとめたフランクファーター裁判官が言うように、最高裁の違憲審査権は「非民主的」で「本質的に寡頭政的なもの」である。ヨーロッパ大陸諸国で違憲審査制が長く制度化されなかったのは、なにも法の支配が弱かったからではなく、それが、民主主義ないし権力分立に反する（裁判官統治への懸念）と考えられたからである。

憲法の規定は多分に抽象的であり、その意味はこうだと判断するのが裁判官であるとしたら、国家の最高法規とは、憲法の条文（テキスト）ではなく、裁判官の解釈ということにならないだろうか。一八〇三年のマーベリー対マディスン事件判決以来違憲審査制のトップを走ってきたアメリカ合衆国では、つとに「われらは憲法のもとにある。だが、その憲法とは、九人の最高裁判事たちがこれが憲法だというものにほかならない」、「憲法そのものは実は存在しない、裁判官によってこれが憲法だという判断が示されてはじめて、憲法が存在する」と捉えるシニカルな、ないしは冷静な見方が提起されてきたが、このことは、示唆的であるといえる。

では、独立して職権を行う裁判官、国民に対して責任を負わない裁判官が、国民意思に最も近い距離にある立法府の制定した法律を無効にすることができるのは、どうしてか。この問いかけに対する解答いかんが、違憲審査の積極、消極にも連なっていくに違いない。司法に対しともすれば「検察ファッショ」などといった批判がわき起こる政治風土であればこそ、この問題をつめておく必要がある（以下の叙述は、ジュリスト一〇三七号所収　樋口「違憲審査をする裁判官の正統性と法解釈観」に多くを負う）。

違憲審査をする裁判官の正統性に関する積極的根拠

これに対する解答の一つが、裁判官は、憲法が制定されたときの原意どおりに（起草者、憲法制定権者の意思どおりに）憲法を解釈しなければならず、また、そうするからこそ違憲審査を正当化することができるという「原意主義」である。しかし、法解釈がそのようなものであるとすることそのものが「牧歌的」にすぎ、換言すれば、欺瞞である。また、裁判所と政治部門（立法府、行政府）とが鋭く対立する場面…そこでは、双方がその見解こそが原意に沿うと主張しているのであろう…において裁判所が違憲審査を行う正統性根拠としては説得力に欠ける。これらのことからすると、原意主義とは、つまるところ、裁判官の違憲審査を狭い範囲に閉じこめようという含みをもった主張といえる。

第二の考え方は、法の解釈には正しい答えが存在し、裁判官はそれを発見する能力（正解獲得能力）を具えているし、また、正しい答えを発見しなければならないというものである。裁判官の正解獲得能力をもって違憲審査の正当性の根拠とするもので、エリーティズム型というべきものである。違憲審査をする裁判官が正解獲得能力を保持することへの期待は、合衆国連邦最高裁判所の場合にはアングロサクソン社会に伝統的なステーツマンとしての法律家の権威、大陸型の憲法裁判所の場合にはローマ法以来の伝統的な法学教授の権威に由来する。

第三の考え方は、裁判官が法の解釈をとおして法を創造することを直視するものである。裁判官の意思の働きを正面から認めるという意味で、意思主義型ともいわれる。この立場からすると、裁判官は、選任の際又はその後の適当な機会に民主的な洗礼を受けることが必要であり、それによってその違憲審査が民主的正統性を有することとなる。このようなことから、選任の政治性が重要となる。なお、ここで政治性とは、党派的、という否定的な意味ではない。官僚システム（メリットシステム）ではなく、政治的任命（ポリティカル・アポインティー）ということである。

違憲審査をする裁判官の正統性に関する消極的根拠

エリーティズム型や意思主義型は、違憲裁判をする裁判官の正統性についていずれも積極的な根拠づけをしようとするものであるが、別の戦略もある。すなわち、裁判所が違憲の判断をしたとしても、憲法改正による匡正の途が残されている、すなわち、「裁判官が違憲判断を下したからといって、それで終わりなのではないということを拠り所とする。本当の最後の言葉は、憲法改正権者にゆだねられているのであり、違憲の判定をうけた法律を改廃するか、それとも憲法の方を改めるかは、憲法改正権者の判断次第なのだ」という説明も試みられている。

少数者に対する手続保障論

以上を踏まえて考えるに、多数派支配的な意味での民主的要素で裁判所の違憲審査を正統化することは無理がある。選任又は国民審査の際に間接的に注入される国民意思（なんと稀薄）を、議会に対抗するための根拠とすることは巨大な風車に向かうドンキホーテである。また、裁判所は、時として「世間の常識」を向こうにまわして（樋口陽一『憲法概論』）、換言すれば、ときの「多数者意思に背いて」、法律を違憲、無効とする判断をしなければならない。場合によっては、非民主的であることがその存在価値となる。例えば、大多数の者が敵視する特定の宗教団体に対する適用を予定した団体規制法に仮に違憲の疑いがある条項があるとして、「あの団体を取り締まる法律なんだから、その程度の規制は、公共の福祉による合理的な制約だ」という多数者の意思、立法府の意思に背くことが裁判所に課せられた指名といえる場面があるかもしれない。

そうとすると、人権と憲法の番人の役を託された裁判所という観念がどこまで説得力をもつか及びそれにふさわしい法廷像ということになると思われる。人権と憲法の番人の役を託された…というのは、裁判所を「多数者の圧制に対して少数者の権利を擁護する者」（芦部「憲法訴訟における裁判所の政策形成機能」）と位置づけることであり、単なる多数者支配ではなく、少数者の基本的人権をも保障するための民主主義（立憲民主主義。「国家権力を合理的に制限し、国民、とくに少数者の権利・自由を保障すること、そこに民主政の真の本質が存する」（芦部、同））の確保のための機関として、裁判所を観念するということである。

裁判所を右のような意味での「立憲」民主政の要素によって正統化するために不可欠であることは、

訴訟当事者の主張に対する応答を含む充分な理由づけの公表により、その判断が討議、吟味に曝され、監視されることである。なぜならば、衆人環視の中での開かれた理づめの討議の確保こそが、政治部門に代表者を送ることができない少数者の権利・自由のために必須といえるからであり、そうすることにより、裁判過程が高度に参加的であり、その意味で、高度に民主的たりうるからである。

第三　違憲審査制革命の状況

第二次世界大戦後、ヨーロッパ大陸諸国においても、ドイツ、イタリア、オーストリアは特別の憲法裁判所に、フランスは憲法院（設置の当初は、一種の政治的機関であったが、現在では裁判所として位置づけられる）に、違憲審査機能を与えるに至り、違憲審査制度が「違憲審査制革命」と呼ばれるまでに一般化してきている。

違憲審査制には、大きく分けて、アメリカ合衆国に代表される通常の司法裁判所に行わせる型（司法裁判所型）と、西ドイツにおけるように憲法裁判所という特別の裁判所を設けて行わせる憲法裁判所型とがある。

アメリカ型は、違憲審査を伝統的な司法権の観念の枠内で捉える。すなわち、通常の司法裁判所が具体的事件の処理に必要な限度で憲法判断を行うもので（付随的違憲審査制）、その憲法判断は判決の主文ではなく、理由中に示される。「知事の宗教団体に対する公金支出は違法であるから、県に返還せよ」というような訴え（住民訴訟）に対し、「訴えを棄却する」とか「だれそれは、県にいくらいくら払え」というような主文を導き出すために、その限りで知事の政教分離違反を判断する。

これに対し、憲法裁判所型は、憲法秩序の維持に比重があり、具体的事件とかかわりなく憲法判断が行われ（抽象的違憲審査制）、その判断は判決主文で示される。わかりやすくいえば、本稿冒頭のような訴えが、適法とされ、その法律について違憲、合憲の判断が示される。その他、提訴権者が一定の国家機関や特定の集団（議員の一定数など）に限られ、一審かつ終審制であり、違憲判決の効力については一般的効力、すなわち、違憲の法律を廃止してしまう効力を有し、通常の司法裁判所は違憲審査をせず、事件処理に当たって、憲法問題が生じた場合には、憲法裁判所にその論点を移送することとされる（集中型といわれるゆえん）などの特徴を有する。

ここで、右に登場した違憲判決の一般的効力、個別的効力についてふれておく。一般的効力とは違憲判決があると、その法律は議会による改廃の手続をまたずに失効するというものであり、個別的効力とはその具体的な事件についてのみその法律の効力が否定され適用が排除されるにとどまるというものである。付随的違憲審査制の下での違憲判決（抽象的規範統制がされるわけではないので、判決の理由中に「××法のこの規定は憲法×条に反し、…」という判断が示された判決のこと）が有する効力はどうか。わが国における議論として、憲法九八条（憲法の最高法規性）、法律の一般性を重視して一般的効力を有するという見解と、わが国の違憲審査権が司法作用に位置づけられること、憲法四一条（立法権の国会への帰属）との抵触を問題視して個別的効力しか有しないとの見解がある。なお、実務上は、違憲と判示された法律の規定は一般に執行されないことになるという意味において、実質上一般的効力があるような取扱いがされている（尊属殺人罪を違憲とした判決から、同罪（旧刑法二〇〇条）を法令集から除去されるまで二二年を要したが、その間、検察官は、尊属殺を普通殺人の刑法一九九条で起訴していた）。

以下、代表的な違憲審査体制について、重要論点又はその概要をみてみよう。

一　アメリカの違憲審査制（司法消極主義、司法積極主義）

アメリカの違憲審査に関する議論の中で登場し、ホットであり続けるのは司法積極主義と司法消極主義である。司法消極主義とは、議会その他の政治部門の判断をできるだけ尊重し、それに介入することはなるべく差し控えようとする態度のことであり、司法積極主義とは憲法の価値や理念の実現のために政治部門の判断への干渉を躊躇しない態度のことである。

米国連邦最高裁が、南北戦争後、財産権の神聖と絶対性を擁護するため積極主義をとり、一九二〇年代から一九三〇年代にかけて、ニューディール立法を立て続けに違憲としたこと（ブランダイス裁判官は、これを「超立法府の権限」と難じた）はつとに著名である。その際、自由主義的な裁判官が司法の自制を唱え、「裁判所が対象とするのは法律を制定する権限のみで法律が賢明であるか否かではないこと、賢明でない法律を法令全書から除去するためには投票箱と民主政の過程に訴えるべきこと、裁判所は統治の能力をもつと想定されねばならぬ唯一の統治機関ではないこと」（ストーン裁判官）を主張し、それが一九三七年以後の新しい法廷（ニュー・コート）の支配的見解となった。以後、最高裁は、経済的自由の規制立法の領域での大多数について「司法審査という仕事を事実上ほとんど放棄してしまった」といわれた。

しかし、他方で、立法が精神的自由を制限し、少数者の権利を侵害する結果を伴う場合には、民主政の基礎及び過程そのものが傷つけられ、「投票箱と民主政の過程」が機能しないのであるから、「より厳格な司法審査が要求される」とされ（ストーン裁判官）、具体的には修正一条（言論の自由）に優越的地位を付与することが志向された。これが、現在、憲法のどの基本書にも記されている「二重の基準」論の原型である。

二　フランスの憲法院方式

伝統的な司法ペシミズム

フランスは、伝統的に司法に対する不信感の強い国である。

一七八九年憲法体制の下では、「裁判所は、法律を解釈すること…が必要であるときはすべて、立法府に申し出る」として、立法府に解釈を留保し、また、法律の適用を監督するために破毀裁判所が立法府のもとに設けられるとしていた。これは、フランス革命前、「旧体制の下でパリの高等法院が封建的勢力の拠点として強い政治的役割を演じたことの反動とみられている」（樋口陽一「比較憲法」）。

この立法府優位の統治機構、裁判所に対する議会の優位は、その後も引き継がれ、第三共和制において確立した。その理論的な脊椎は「法律は一般意思の表明である」という観念であり（「一般意思」というのは、人民全体の意思（ルソー「社会契約論」）という意味である。）、また、政治的背景としては社会改革を阻止しようとする保守的な「裁判官政治」に陥ることが警戒されたことがあげられる（樋口、前掲書）。

憲法院の設置

フランス第五共和国憲法は、憲法院という違憲審査機関を設けた。その設置は、統治機構的、権力分配的な理由によるものである。フランス第五共和制は、行政権の拡大、強化を図ったのであるが、議会が越権をしないように監視するための装置として設けられたのである（『講座憲法訴訟第1巻』所収　矢口俊昭「フランスの憲法裁判」）。例えば、議会が憲法所定の法律事項を超えて立法をしたとする政府の異議を裁判するのが憲法上明記された憲法院の任務である。しかし、図らずも、その後の判例、憲法改正により、憲法院は、むしろ、人権保障機関としての機能を発揮するようになる。

憲法院の構成と権限

憲法院は、任命による九人の裁判官及び法上当然の裁判官からなる（憲法五六条）。法上当然の裁判官とは、共和国大統領経験者である。任命による裁判官は、大統領、国民議会（下院）の議長、元老院（上院）の議長によりそれぞれ三人ずつ任命される。任期は九年間で、任期満了後は再任されず、三年ごとに三分の一ずつ更新される。任命は、任命権者のまったくの裁量であり、裁判官の資格について、職業裁判官の経験を要するとか、四〇歳以上でなければならないといった定めはない。

憲法院の権限は、法律事項と命令事項との振分け（憲法三七条二項）、大統領選挙の監視（憲法五八条）など多岐にわたるが、本稿にもっとも関係が深いのが、合憲性審査である（憲法五四条、六一条）。合憲性審査は、組織法律、議院規則、普通法律、国際協約に及ぶ。

組織法律と議院規則の審査は、義務的であり、必ず行われる。組織法律は審署前に首相により、議院規則は施行前に各院の議長により、憲法院に付託される。なお、組織法律とは、統治機構について定める法律をいい、わが国における国会法、内閣法、裁判所法、公職選挙法などを指す（滝沢正「フランス法」）また、審署とは、大統領が成立した法律についてその議事手続を審査した上、「この法律は共和国の法律として執行される」旨の執行文を付して、日付を伴った署名を行うことをいう。審署された法律は官報で公布されて初めて施行される。

普通法律と国際協約の審査は申立てによる。普通法律に対する審査の申立権者は、大統領、首相、各院の議長、六〇名以上の国民議会議員又は同数以上の元老院議員（なお、一定数の議員を申立権者とする部分は、一九七四年の改正によるもの）である。これも、審署の前になされる。国際協約は、その批准又は承認の前に、大統領、首相、各院の議長により、憲法院の審査に付される。

憲法院は、原則として、一ヵ月以内に判決をする。緊急の場合には、政府の請求によって、審査期間が八日以内に短縮される（憲法六一条三項）。違憲と宣言された規定は、審署されることも施行されることもできない（憲法六二条一項）。わが国では違憲とされた法律は法令集から削除されるか否かが議論されるが、憲法院が違憲であると宣言した法律は、そもそも法令集に登載されないのである。すなわち、事前審査制という点でわが国とはまったく違う。このような事前審査には、政治化の危険（議会と審査機関との拮抗）に晒されやすいという弱点があるといえるが、法の安定という巨大なメリットがある。事前審査により合憲とされて審署、施行された法律は、その後、具体的争訟において違憲とされることはないのだ。審署されて施行された法律に対してはもはや違憲審査が及ばないことやレファレンダム（国民投票）により成立した法律に対しては憲法院の審査が及ばないとされているが、このことは従前からのフランスにおける「一般意思の至高性」的思想のあらわれといえよう。

人権保障機能の発揮

憲法院は、当初の政治的機関から人権保障の機能をも担う裁判機関に変わったが、その一つの転機となったのが、一九七一年七月一六日判決である。結社の自由についての論点を含む法律の審査である。憲法院は、元老院議長からの申立てにより審査をし、その法律により導入されようとしている新制度が、共和国の諸法律によって承認され、憲法前文によって厳粛に再確認された基本的原理としての結社の自由に違反するとして、違憲を宣言した。第五共和制憲法は、フランスの伝統的な憲法の書き方に従い、人権保障に関する条項をほとんど有しない。そして、この人権規定の欠如が、それまで、憲法院が人権保障に関する憲法判断をしなかったことと無関係でない。この判決は、憲法前文、それが「愛着を厳粛に宣言する」一九四六年憲法前文で確認され補充された一七八九年宣言（いわゆる人権宣言）によって定められたような人権及び国民主権の原則を人権保障規範として認知し、憲法規範（憲法ブロック）を拡大したものである。

その後、一九七四年に普通法律の違憲審査の提訴権を六〇名以上の国民議会議員、同数以上の元老院議員に認める憲法改正がされ、この結果、憲法院は、より多くの提訴を受け、普通法律の違憲審査を通じて人権を保護することをその中心としていくこととなった（ジュリスト一〇三七号所収、矢口俊昭「フランスにおける憲法裁判の現況」）。

しかし、憲法院の違憲審査にも、制度上の限界がある。法律について審署後の事後審査が認められないことや市民に提訴権が認められないことである。例えば、起訴されて被告人となった市民は、起訴の根拠となった処罰法が、基本的人権を侵害するものであるから無効だという抗弁をなし得ないのである。この点につき、一九八九年、ミッテラン大統領が人権を侵害された個人にも憲法院への提訴権を認めることが人権保障と市民参加にとって重要だという主張をし、一九九〇年に憲法改正案が起草されたが、実現していない（法学教室一八九号「フランス憲法院と人権保障」）。

憲法判断、違憲判決の件数

一九七〇年代以降、裁判機関としての性格を帯びるようになって、一九八七年までの間に法律について一八七の憲法判断が下され、うち違憲判決は七〇件あった（芦部『宗教・人権・憲法学』）。

三　ドイツ連邦憲法裁判所

戦う民主政、憲法忠誠

ヨーロッパ大陸諸国で法律の違憲審査の制度が採用されたのは、ヒトラー、ムッソリーニ、ペタン等の独裁を生んだ議会主義に対する不信ないし危惧にもとづくといわれる（芦部信喜『司法審査の理念と機能』）。

戦後西ドイツでは、ワイマール憲法がナチスの独裁を防御できなかったことの反省（ワイマール憲法が憲法の敵にも憲法上の保障を与え、自由の敵にも自由を与えたことによって内側から崩壊させせられたという認識）の下に、国民に憲法忠誠を要求し、憲法裁判によってそれを確保する制度が設けられた（「意見表明の自由…を、自由で民主的な基本秩序に敵対するために濫用する者は、これらの基本権を喪失する。それらの喪失とその程度とについては、連邦憲法裁判所によって言い渡される」基本法一八条）。連邦憲法裁判所には、違憲政党に対する制裁（基本法二一条一項）、法律に対する違憲審査、憲法異議などの権限が付与されているが、これらは、憲法を防衛するために憲法の敵に制裁を加えることによって憲法忠誠を確保しようとするものである。

構　成

連邦憲法裁判所は、統治機構のうちの司法権の一部をなす裁判所に位置づけられる。憲法裁判所は二部に分かれ、各部八人ずつの裁判官で構成される。連邦憲法裁判所の裁判官は、半数ずつ、それぞれれ、連邦議会と連邦参議院によって選出される（基本法九四条一項）。選任されるには、ドイツ裁判官法に基づく裁判官資格を要するが、政治家や学者が選任されることも少なくない。注目されるのは、有力な憲法学者が裁判官として活躍していることである（ジュリスト一〇三七号所収、戸波江二「ドイツ連邦憲法裁判所の現況とその後」）。ヨーロッパ大陸におけるローマ法以来の法学教授の知的威信の伝統が指摘することができ（樋口陽一『転換期の憲法？』）、連邦、憲法裁判所が信頼をかちえている要因の一つとして学会との交流に成功していることが挙げられる（芦部『宗教・人権・憲法学』）。

権限

連邦憲法裁判所の権限のうち違憲審査としては、次のようなものがある。

イ　抽象的規範統制

法律の憲法適合性又はラント法の連邦法適合性を、具体的な紛争を前提としないで抽象的に審査するものである。中立権者は、連邦政府、ラント政府又は連邦議会議員の三分の一に限られている（基本法九三条一項二号）。抽象的規範統制手続で審査された最近のものとして、「妊娠および家族扶助法」（助言を受けた後の一二週間以内の妊娠中絶を正当なものと定める内容の法律）に対する違憲判決がある（ジュリスト一〇三七号所収、戸波江二「ドイツ連邦憲法裁判所の現況とその後」）。

ロ　具体的規範統制

通常裁判所が、具体的事件を審理している過程で適用法律を違憲と考えたときは、審理を中断して、連邦憲法裁判所の決定を求めるものとされている（基本法一〇〇条一項）。といっても、その事件が連邦憲法裁判所に管轄替えされるのではなく、特定の法律の違憲性の論点のみが連邦憲法裁判所に係属されるのである。例えば、刑事事件において特定の被告人に、その刑罰規定を適用するのが憲法違反かどうかを審理するのではなく、その刑罰法規が憲法違反かどうかを真っ正面から審理する。通常裁判所における具体的な争訟事件の当事者の主観的な権利の保護に繋がるものがあるが、当該手続は争訟手続から切断された客観的な裁判手続であり（『講座憲法訴訟第1巻』所収、高見勝利「西ドイツの憲法裁判」）、いわゆる付随的違憲審査とは違う。

ハ　憲法異議

憲法異議とは、各人が公権力によって自己の基本権又は基本権類似の権利が侵害されているとする主張をもって提起する申立てにより行われる主観的な手続である（基本法九四条一項四a）。憲法異議は、法で認められているすべての救済手段をつくした後の、最終的な補充的手段として認められている。

これらのいずれについても、憲法判断は判決主文で示され、法律が違憲と判断された場合の効力は、当事者だけでなく一般に及ぶ（一般的効力説）。基本法九四条二項は、連邦憲法裁判所の一定の判決が法律としての効力を有する旨規定し、具体的には連邦憲法裁判所法が抽象的規範統制、具体的規範統制及び憲法異議についての判決が法律としての効力を有する旨定めている。

違憲判決の件数

連邦の法律だけで一九五一年から一九八〇年までの二九年間に一六〇件の法律に違憲判決が下されている（芦部『宗教・人権・憲法学』）。

四　わが国の違憲審査制

わが国の違憲審査制の型はどうか。

日本社会党の鈴木茂三郎委員長が警察予備隊の設置、維持に関して国が行った一切の行為の無効確認を求めて直接最高裁判所に出訴した事件について、最高裁大法廷判決（最大判二七・一〇・八）は、「わが現行の制度の下においては、特定の者の具体的な法律関係につき紛争の存する場合においてのみ裁判所にその判断を求めることができるのであり、裁判所がかような具体的事件を離れて抽象的に法律命令等の合憲性を判断する権限を有するとの見解には、憲法上及び法令上何等の根拠も存しない」として裁判所の抽象的違憲審査制を排斥した。

この判決の解釈については、見解が分かれる。抽象的違憲審査権については憲法上規定されていないだけで、法律で抽象的違憲審査権を最高裁判所に創設することは禁止されておらず、立法政策の問題であるという見解もある。しかし、憲法八一条は付随的違憲審査権のみを認め、法律で抽象的違憲審査権を最高裁判所に付与することは違憲である、このような制度を創設するためには憲法改正が必要であるとの見解（清宮四郎『憲法Ⅰ』第三版、三六八頁）が支配的といえる。

問題は、その運用の実情である。

第四　わが国における違憲審査制の運用の実情

わが国における憲法裁判の特徴として、最高裁判所の司法消極主義（司法の自己制限）が指摘される。量的にいえば、わが国では、法律の規定を違憲とした最高裁判決は五件にすぎない。尊属殺人を普通殺人より重く罰する刑法の規定（最大判昭四八・四・四）、公職選挙法による衆議院議員定数の選挙区ごとの配分を平等原則違反とするもの（最大判昭五一・四・一四）、同（最大判昭六〇・七・一七）、薬局開設許可の基準として薬局間の距離制限を定めた薬事法の規定を職業選択の自由の侵害としたもの（最大判昭五〇・四・三〇）、共有林の分割請求を制限する森林法の規定を財産権侵害としたもの（最大判昭六二・四・二二）である。

これに、密輸に係る貨物の没収につき被告人以外の所有者たる第三者に告知、弁解、防御の機会を与えることが必要であるとした第三者所有物没収手続違憲判決（最大判昭三七・一一・二八。適正手続の保障の観点から、右の第三者に対し、告知、弁解、防御の機会を与えるべきであるのに、これを欠いたまま、関税法一一八条一項により第三者所有物を没収することは憲法三一条、二九条に違反するとされた。）を加えてもわずかに六件である。

そして、表現の自由その他の精神的自由を制限する法律について最高裁が違憲判決を下したことはなく、法律ではないが精神的自由の分野で最高裁が違憲の判断をしたのは、愛媛玉串料訴訟最高裁判決（最大判平九・四・二民集五一巻四号一六七三頁。愛媛県知事が、春秋の例大祭等に際し、玉串料、献灯料の名目で公金を支出したことが政教分離に違反し、違法であるとしたもの）だけである。

この違憲判決の少なさをもって、司法消極主義とか違憲審査権が空洞化しているとの見解もかつてあった。しかし、違憲審査権の存在理由は、違憲の法律その他の国家行為を無効とし、政治部門を抑制する点にのみあるのではなく、政治部門の行為を正当化する機能を果たす点に重要な意味がある（芦部信喜「憲法訴訟における裁判所の政策形成機能」）。最高裁が精神的自由を含めた立法について書いたこれらを結果的に是認する判決が、違憲審査制の機能を十全に発揮しているといえる。

この点につき、いくつかをかいつまんでみると、猿払事件上告審判決（最大判昭四九・一一・六）は、国家公務員法一〇二条一項及び人事院規則による公務員の政治的行為の禁止に違反して「国民の共同利益を損なう行為に出る公務員に対する制裁として刑罰をもって臨むことを必要とするか否かは、…国民全体の共同利益を擁護する見地からの立法政策の問題であって、右の禁止が表現の自由に対する合理的で必要やむを得ない制限であると解され、かつ、刑罰を違憲とする特別の事情がない限り立法機関の裁量により決定されたところのものは、尊重されなければならない」とし〔これは、表現の自由に対する規制立法についての立法裁量論〕、戸別訪問事件判決（最判昭五六・六・一五）は「選挙の公正」の確保を目的とし、また、意見表明の内容に対する制約ではなく手段方法に関する間接的・付随的制約であることを理由として、戸別訪問の一律禁止は「合理的で必要やむを得ない限度」を超えず、「国会がその裁量の範囲内で決定した政策は尊重されなければならない」と述べ〔同〕、堀木訴訟判決（最大判昭五七・七・七）が社会福祉立法については、それが著しく合理性を欠き明らかに裁量の逸脱・濫用とみざるを得ないような場合を除き、裁判所が審査判断するのに適しないとして、障害福祉年金を受給している人に対する児童扶養手当の併給禁止措置が憲法二五条、一四条に違反しないとした〔以後、社会福祉立法に対し、司法は不干渉の姿勢をとることが示された（憲法百選Ⅱ一三六事件）〕。

これらを「司法の自己制限というよりも実質的には司法審査の放棄に近いほど違憲審査に対して消極的」と評するものもある。

このような最高裁判所の司法消極主義をもたらす要因として、伊藤正巳元最高裁裁判官は、わが国の精神的風土としての「和」の精神が同僚裁判官相互の間に及ぼす影響、最高裁判所の政治部門に対する礼譲の精神とそれを理論的に支持する有力な憲法訴訟理論、最高裁判事の憲法感覚を鈍磨させる諸要因（上告事件が憲法裁判に限定されず、むしろ、現状では、民事、刑事の上告審としての役割が強いこと、違憲の主張の多くに理由がないこと、法律の立案段階において事前の審査がなされること、わが国の裁判官の思考方法としての精緻な概念構成、これに比した場合の憲法解釈論の粗雑さ）、大法廷への事件回付を逡巡する傾向、わが国における一般的な裁判官像としての顔のない裁判官をあげている（『裁判官と学者の間』）。

第五　憲法裁判所創設論、憲法裁判の活性化

憲法裁判所創設論

上記のようなわが国における違憲審査の実態を踏まえ、憲法裁判所の制度を導入すべきではないかとの見解が強くなりつつある。一九九四年一一月三日には読売新聞が憲法改正試案で憲法裁判所を新設すべきであるとする提案（読売憲法改正試案八五条から八九条まで）をしている。また、伊藤元最高裁判事は、迅速な違憲法令の排除、憲法審査機関による集中的な審査、憲法審査機関への憲法判断の集権化の点で、アメリカ合衆国の司法裁判所型に比し、ヨーロッパ型の憲法裁判所方式に多くの利点があるとする（『裁判官と学者の間』）。伊藤元判事は、わが国の最高裁の司法消極主義を生み出す要因についての前掲分析を踏まえ、官僚裁判官制度をとる現在の司法裁判所の下で憲法裁判が活性化することは期待できないと結論づけ、司法消極主義を脱却するためには、通常事件の最終審を現在の最高裁としつつ、憲法裁判はそれとは別の憲法裁判所にゆだねる大陸型が望ましいのではないかとしている。

憲法裁判所創設論の問題点

しかし、憲法裁判所の導入については、次のような問題点があると思われる。

一つ目は、抽象的規範統制を導入する場合、そのほぼ必然的な帰結として集中型の違憲審査体制をとることとなろうが、憲法判断の審査機関が一つに集中することについての危険性をどう測定するか。

違憲審査の有する政治部門の所為を正当化する機能が過度に作用することとならないか。下級審の違憲判断という重要なルート（例えば、猿払事件についての旭川地裁、札幌高裁の判決）が閉ざされるという懸念である（水島朝穂「読売「憲法改正試案」にもり込まれた危険な意図」法学セミナー四八一号も同旨）。

二つ目は、憲法裁判所裁判官の選任をいかにするか。アメリカ合衆国の最高裁判所であれ、ヨーロッパ諸国の憲法裁判所であれ、違憲審査をする裁判官に共通しているのは、政治的モチーフにもとづき政治的機関によって選任されているということが指摘され、これについて、民主的正統性の付与、政治的多元性、社会諸相の反映、出身職業の相互補完性が確保されるとしてその積極面が指摘される（樋口陽一『憲法と国家』）。わが国で憲法裁判所を創設する場合にも、その権限の重要性を考えればメリット・システムが採られるとは考え難く、何らかの政治的任用が敷かれるものと考えられる。

しかし、大陸の法学教授の伝統的な威信、ステーツマンとしての法律家への信頼（樋口、同書。芦部『宗教・人権・憲法学』）の不存在の下で、憲法裁判所裁判官の供給源をどう考えればよいのか。政治的任用が、単なる党派的な選任（弁護士枠、職業裁判官枠、内閣法制局長官枠のような）に堕してしまう危険性を払拭できない。

三つ目に、結局は、制度設計いかんによるが、憲法保障型の違憲審査体制の導入に伴い、憲法規範が市民生活に過剰に介入し、ドイツの基本法のように国民に憲法忠誠を求めるという事態を惹起しないかどうか。いみじくも、憲法裁判所の創設をも含む読売憲法改正試案が、現行の九九条（天皇又は摂政及び国務大臣、国会議員、裁判官その他の公務員の憲法尊重擁護義務）を改め、憲法前文に国民の憲法遵守義務を定めていることはこの懸念を裏打ちする。

四つ目に、これは、芦部『宗教・人権・憲法学』で提起されるところであるが、「重要な法案や政策について議会で破れると、政府・与党も野党も憲法裁判所に争いを持ち込む」こととなり、「政治家はできる限り憲法裁判所と衝突するのを回避しようと」する。立法過程に法律論が大きな影響を及ぼすことになり、立法過程が法律論で充満することになる。芦部教授は、これを「政治の裁判化」と呼び、「代表民主制にとって極めて大きな危険をはらんでい」て、議会制民主主義の崩壊につながるおそれがあるとし、そのおそれは議会制度よりも法律制度、つまり裁判所に国民がより大きな信頼を置いている国（芦部教授は、わが国をそれに含ませる趣旨と思われる。）では特に重大であるとしている。右のいわんとするところは、「議会の政治的議論が、憲法裁判所裁判官の見解、ないしはその判例の分析に長けた法律家の見解に収斂してしまう、又は政治がこれらの法律家たちに簒奪さえされかねない」可能性、その不健全さを指摘しようとしていると思われる。

憲法裁判の活性化

では、憲法裁判の活性化を図る必要はないのか。これはある。違憲判断の極端な少なさ、憲法訴訟の遅延。ただ、憲法裁判のみをターゲットにその活性化、迅速化を図ることでは足りない。憲法裁判の活性化とは、結局、市民が求める司法サービスとは何かという議論の一環である。法曹の在り方、法曹人口の増大、法曹一元の問題、紛争処理の迅速化、裁判外紛争解決制度と司法との連携、上告制度を可及的に裁量上告制度（サーシオレイライ）にすることの可否などが議論されるべきである。

憲法訴訟プロパーに関し、あまり議論されない重要なポイントが一つある。それは、官ではない側の法曹（弁護士、法学教授）の憲法訴訟に傾注する努力、意識である。芦部教授が猿払事件にかかわった際におけるような人権感覚、熱情が、現在、在野法曹にあるのだろうか。法曹資格を取得するための必修科目ではあるが、弁護士会に登録をした後は使わない。それをもちだすようだと、いかにも筋が悪い事件だ。あれは、結局、宗教みたいなものだ。憲法に対する弁護士の感覚は、このようなものではないか。

これは、おそらく、憲法理論と実務とがきちんと架橋されていないという部分に問題がある。実務家側からすれば憲法理論を継続的にフォローする必要に迫られることがなく、というよりも、憲法理論が粗すぎて使えない（理論的すぎて、実務に使えるような技術性、泥臭さを具えていない）。実務家レベルで知恵を絞るが、憲法学者によって、その吟味、検証がなされることはあまりない。憲法理論が実務に耐えない状況が永続してしまうのだ。民事法、刑事法におけるように、理論家と実務家とが交渉し、実務家が理論家を刺激し、理論家が実務家の需要に応えるようになるくらいに、憲法理論が精緻化することがまず必要である。まどろっこしいが、このようなステップを踏んだ上で、在野法曹がクライアントの依頼を背景に裁判所にチャレンジする。おそらくこれが王道である。制度をいじれば憲法裁判が活性化するというのは相当に疑わしい。

第六　法制立案者の役割――法制立案者の「違憲審査」の役割――

以後は、付け足し的な議論となるが、わが国には、違憲審査に「似て非なる」機能を果たすものがある。法律が議会の討議に付される前に、憲法適合性を確保するために設けられている機構、装置である（なお、合憲性確保だけのためのものではなく、法制的なスクリーンをかけるものである）。

内閣提出法律案であれば内閣法制局の審査（ないしは、それにひっかからないように注意深く理論、理屈を組み立てる行政庁の原局における職員の営為。違憲判決の少なさを「我が国の立法は内閣提出法案が圧倒的に多く、それを内閣法制局が厳密にチェックしていること」に帰する見解も散見される）、議員提出法律案であれば議院法制局（議会の補佐機構として法制立案部局を有するのは、アメリカと戦後それを範にとってこれを創設したわが国に限られるようである）における議員と法制局スタッフとの討議である。

これら法律案の立案に携わる者は、法制立案者と呼ぶことができようが、議院法制局の一つが職員の新規採用のために作成したパンフレットに紹介されているところによって、その職務をかいまみることができる。

『議員や政党の政策立案担当者がある事項について何らかの施策、立法措置を構想すると、その構想を法制局に提示し、検討、立案を依頼します。…多くの場合、法制局は、提示された構想の意味、依頼の趣旨について、依頼議員等との協議を重ね、委細を検討します。…依頼者の政策内容が、この作業を通して初めて形づくられ、ないしは具体化されるということもまれではありません。

法制局は、このように依頼者の政策内容の明確化、具体化の作業を行うとともに、依頼者が狙う政策手段について、主として法的な観点から分析し、助言します。すなわち、その内容の憲法への適合性、現行法制度との整合性（例えば、法制度の原則的部分につき何らか例外を設けようとするとき、それを支える十分な理由が得られるかどうか、…といった検証）などについて検討し、これらをクリアするための理論付けをし、…。

以上のような依頼者の構想を具体的な法制度へと架橋していく過程において、当局の示唆、助言を受けて、依頼者がその政策が法の強制力で達成されるべきものでないと再考することもありますし、…。このように、法制的な見地からの示唆、助言が依頼者の当初の構想に何らかのインフルエンスを与えること自体は、ごく自然な現象と受け止められております。』

これを読む限り、議院法制局の法制立案者は、「憲法上のスクリーン機能を果たすべきである」という思想がみてとれるし、また、実際にその役割が発揮されているようにも読みとれる。ここで、二つの論点を提起しておきたい。

一つは、政策決定権者（立法府のメンバー、議員）と法制立案者との関係は、あたかも顧客と弁護士の関係になぞらえて考えられること。すなわち、政策の決定権限はあくまで議員に帰属すること（すなわち、政策決定権を簒奪するような行為は禁止される）。そうであるのだが、顧客の希望、信条をそのまま書面に引き写すのであればそれは専門職の名に値しないということである。顧客（議員）の政策に疑義がある場合には、最終的な決定権と責任が議員に帰属することを踏まえつつも、法制立案者は、顧客との間の討議をつうじて、再考させるべく努力を傾注すべきである（そして、おそらく、政治の決めであるから理屈はどうでもいいから原案のまま条文を書くように指示される事態に至るとすれば、既に専門職としてのネゴシエーションに失策があったと評価すべきである）。もし、このような過程が踏まれないとすれば、それは顧客に対する法的サービスを充分に供給しないという意味で、弁護（立案）過誤である。

二つ目として、法制立案者が政策決定権者との交渉の過程で展開すべき憲法に関する討議は、裁判所のとる司法消極主義的なものであるべきではないということ。例えば、裁判所から立法府の裁量にゆだねられている事項として司法審査から除外され、事実上自働的に正当化されるようなものについても踏み込んで問題とすべきであるということだ。「これくらいは立法裁量の範囲内だ」、「裁判所で違憲とされることはない」との議論は、裁判所がもっとも懼れる政治部門における立案風景ではあろう。憲法に関するぎりぎりとつめた討議が立法府内において行われてこその裁判所における司法消極主義といえる。

（太田雅幸）

陪審制と参審制

はじめに

二一世紀の司法のあり方を考える政府の司法制度改革審議会（会長・佐藤幸治京大教授）が一九九九年七月からスタートし、国民の司法参加の一環として陪審制や参審制を導入するかどうかが大きなテーマの一つになっている。いずれも憲法上の問題があるが、私は日本の法文化・国情などからして参審制なら導入が可能ではないかと考えている。陪審制と参審制について、諸外国の運用の実態を検証しながら、導入にあたっての問題点を考える。

米国の陪審制

日本では、映画やテレビドラマなどで、米国の刑事陪審の法廷場面はおなじみだ。しかし、制度の実態までよく知られているわけではない。その実態を知るには、最高裁が出した調査報告書「陪審・

参審制度　米国編」（一九九二年―九五年刊、全三巻）が便利で、同書に基づいて制度を概観する。

陪審制は、英国で生まれ、植民地だった米国にも受け継がれた。しかし、今では運用に大きな違いがあり、米国では独特の発達を遂げてきたといえる。

米国では、刑事の陪審裁判は被告人に認められた憲法上の権利だ。合衆国憲法三条は「弾劾の場合を除き、すべての犯罪の審理は、陪審によって行われなければならない」とし、同修正六条は「すべての刑事訴追において、被告人は、犯罪が発生した州及びあらかじめ法律で定めた地区における公平な陪審による迅速で公開の裁判を受け（る権利を有する）」と規定している。同修正七条は、民事陪審の権利を保障している。

連邦最高裁判所の判例によると、①法定刑が六ヵ月を超える拘禁刑にあたる重大な犯罪②同じく六ヵ月を超える拘禁刑が科される刑事法廷侮辱を審理する場合に陪審の権利を認めている。しかし、これは最低の基準であり、すべての犯罪について陪審の権利を認める州もある。

陪審裁判を受ける権利は、放棄することができる。一つは、罪状認否手続（アレインメント）で、「有罪答弁」か「不抗争答弁」をした場合だ。有罪答弁は、被告人が起訴事実に対し有罪を認めることだ。不抗争答弁は、起訴事実を争わないとする答弁である。いずれかの答弁が行われると、有罪とみなされ、公判が開かれることなしに、量刑の手続きに入る。もう一つは、被告人が陪審裁判ではなく、裁判官による裁判を選んだ場合だ。

陪審員の数は、連邦もおおむね一二人だ。死刑事件については、死刑制度のない一部の州を除き、すべての法域で一二人制陪審を採用している。ただ、八人制や六人制をとる州もあるほか、軽罪事件では半数以上の州が一二人未満の陪審をとっている。

陪審員となる資格には、様々な要件が求められる。連邦の場合、①その地域に一年間以上住み、一八歳以上の市民権を持つ者②陪審員候補質問書に記入できる程度に英語を読み、書き、理解する者③英語を話すことができる者④法定刑が一年を超える拘禁刑の犯罪で訴追されていない者、同犯罪で有罪判決を受けたが、公民権を回復した者――が、陪審員となる資格を持っている。

また、特定の職業についているため陪審義務が免除されたり、陪審員になると負担が非常に重くなるなどの理由で陪審義務が免責されることもある。

免除される職業としては、警察官、消防士、医師、教師、パイロット、電話交換手、州の議員、裁判官・弁護士などが代表的だ。しかし、最近では例外が廃止される傾向にある。

陪審員を選ぶには、不適格者を除いたりするために、何倍もの候補者が必要になる。

米国には住民登録制度がないため、各地の裁判所は、選挙人登録名簿や運転免許取得者名簿、あるいは両名簿の併合名簿で陪審員候補者名簿を作成する。これが「基本名簿」だ。

基本名簿から定期的に一定数を無差別に選び出したものが、「主名簿」となる。主名簿から陪審員の資格がある候補者だけを残したものが、「有資格者名簿」だ。陪審員資格の有無の審査は、主名簿から無差別に選んだ一定数の候補者に対し、陪審員候補者質問書を発送し、その回答に基づいて行う。有資格者であることが確定すると、陪審員候補として裁判所から召喚状が送られる。質問書と同時に召喚状を送る方式もある。

カリフォルニア州サンタ・クララ郡での陪審員候補者選定の実際を見ると次の通りだ（一九九〇年当時）。

同郡の人口は、八九年で約一四四万人。うち一八歳以上の人口は約九六万人だった。同州では、基本名簿に選挙人登録名簿と一八歳以上の運転免許取得者名簿の併合名簿を使っている。同郡の中心都市は、サン・ノゼ（人口約七四万人）。ここにある同郡上位裁判所のジューリー・コミッショナー室が、同裁判所と市裁判所の陪審員に関する事務を扱っている。

州政府から送られてきた二つの基本名簿の磁気テープをコンピュータでデータ処理し、一定数を無差別に選んで主名簿ができる。九〇年分の主名簿は、一〇万人だった。同室では、主名簿から毎週一六〇〇人を無差別に拾い、陪審員候補者質問書と召喚状を一枚の封筒にいれて発送する。

質問書には、陪審員資格の基本的要件の有無を聞く項目のほか、「過度の負担」を理由に義務の免責を申し出るかどうかを尋ねる項目もある。そこでは、免責の理由として、▽著しい経済的負担▽肉体的、精神的障害▽介護を要する者を抱える——などの例示を列挙している。召喚状には、出頭すべき週の直前に裁判所に電話し、録音の指示を聞くように書かれている。

質問書の回答が裁判所に戻ってくると、七人の職員が資格の有無を審査し、資格者だけを残した有資格者名簿を作成する。出頭すべき陪審員候補者の数は、担当裁判官の指示で決められている。

召喚された陪審員候補者は、裁判所によっては毎日数百人に上るところもある。大集会室で、裁判の説明を受け、数十人単位で法廷に呼ばれる。連邦地裁の場合、基本的な法律知識と陪審員の義務、仕事の内容を説明したハンドブックが配られている。これは、米国の陪審制度についての分かりやすい説明書になっている。

陪審員候補者が入った法廷では、「ボア・ディール」と呼ばれる予備審問があり、裁判官・弁護人・検察官が候補者に対し、様々な質問をする。その回答から候補者に、予断や偏見の恐れがあると考えた場合、弁護人・検察官は、その候補者を陪審員から排除するよう裁判官に求める。これが「理由付き忌避」だ。

さらに弁護人・検察官は、理由を示さずに候補者を排除する申立てもできる。これは「専断的忌避」と呼ばれている。陪審員の候補者として、一二人の何倍もの人数が必要となるのは、この忌避制度があるためだ。

専断的忌避が認められる回数は、州や犯罪の軽重によって異なる。死刑事件では、連邦は弁護人と検察官に各二〇回の忌避を認め、州でもこの回数のところが目立っている。

この陪審員選定手続が終わり、陪審員に選ばれなかった候補者は、また集会室に戻り次の法廷に呼ばれるのを待つことになる。

陪審員候補者に選ばれ拘束される義務期間は、州によって一、二週間から二年間と幅がある。ロサンゼルス郡は一〇日だ。呼び出しを受けた候補者は、法廷でボア・ディールによって排除されても、義務期間中は、再度の呼び出しに備えて待機することになる。

最近では、陪審員候補者の負担を軽減するため、「一日・一公判方式」をとる州が増えてきた。この方式は、陪審員候補者として出頭し、裁判所で一日待機すると、陪審員に選ばれなくても陪審義務を果たしたとみなされる制度だ。ただ、一つの事件について陪審員に選ばれると、その事件の審理が終わるまでは拘束される。

公判は、連日開かれ、検察・弁護側が証人尋問を通じて、立証・反論を行う。最後に裁判官が陪審団に説示し、陪審団は別室で評議に入る。評決は、全員一致が原則で、起訴事実について「有罪」か「無罪」だけを答申する。有罪になると、裁判官が量刑を決め、判決を言い渡すことになる。

陪審員の意見が一致しないと、審理無効となり、新しい陪審員を選び、再審理を行う。事実認定は、一審の陪審の判断によって決着する。判断には理由が示されないため、控訴審は原則として事実誤認の主張ができず、法律問題しか争えない。

米国の連邦地裁の刑事事件処理状況（1997年度）

被告人総数		63,148人	（被告人総数への比率）
公訴棄却		6,607	10.5%
有罪答弁・不抗争答弁		51,918	82.2%
陪審裁判	無　罪	493	5.9%
	有　罪	3,231	
裁判官裁判	無　罪	400	1.4%
	有　罪	499	

（米司法統計で作成）

陪審コスト一〇億ドルでも廃止の声は出ない政治風土

陪審員や召喚された陪審員候補者の報酬は、連邦が一日四〇ドル、州は四〜三〇ドル。多くの州は一〇ドル程度だ。しかし、候補者の数が多いので、連邦を含む全米で支払われた額は、年間二億ドルに上るという。また、陪審のために欠勤した従業員について雇い主は賃金カットできないと定めている州もあり、陪審員が生産活動に従事しなかった損失は年間一〇億ドルとするマスコミの指摘もあるという。

連邦と州を合わせた全米の刑事陪審裁判は、年間約一〇万件と見られる。刑事事件全体の数%に過ぎないが、これはアレインメント制度の下で、被告人が検察側と答弁取引し、有罪を認めて公判なしに決着する事件が大部分を占めるからだ。

八七年のカリフォルニア州上位裁判所では、被告数で有罪答弁が約九三%、陪審裁判が約五%、裁判官裁判が約二%だった。陪審制は、時間と金がかかるが、アレインメント制度が公判に進む事件を絞り、陪審制を支えている。

陪審コスト10億ドルでも廃止の声は出ない政治風土

米国の連邦地裁における裁判官裁判と陪審裁判の有罪率の推移

（最高裁の報告書と米司法統計で作成）

年　度	裁判官裁判の有罪率	陪審裁判の有罪率	年　度	裁判官裁判の有罪率	陪審裁判の有罪率
1945	90.3%	72.3%	1975	79.9%	78.5%
1946	92.6	64.9	1976	75.8	78.3
1947	89.3	58.2	1977	73.1	76.5
1948	88.1	59.3	1978	82.1	75.1
1949	84.6	61.8	1979	86.9	75.6
1950	86.2	63.4	1980	86.7	77.7
1951	85.3	65.8	1981	87.5	78.4
1952	87.1	66.4	1982	82.5	79.6
1953	84.4	65.1	1983	82.1	80.9
1954	82.2	68.1	1984	74.8	77.8
1955	82.2	66.9	1985	70.5	80.0
1956	84.0	68.0	1986	71.2	81.5
1957	87.1	66.5	1987	75.5	80.9
1958	86.8	68.7	1988	73.7	79.6
1960	86.5	66.8	1989	65.8	81.3
1961	88.0	65.8	1990	62.3	84.3
1962	83.7	69.2	1991	53.7	82.9
1963	78.7	71.1	1992	50.7	82.7
1964	62.8	73.2	1993	55.8	83.8
1965	67.5	72.5	1994	47.4	84.6
1966	72.9	75.3	1995	49.2	83.9
1967	71.8	78.8	1996	57.6	86.5
1968	71.0	77.6	1997	55.5	86.8
1970	64.7	76.2	1998	50.3	86.1
1971	67.3	72.9			
1972	72.8	72.5			
1973	73.9	75.6			
1974	77.8	75.1			

（注）45〜63年度までは裁判官裁判の有罪率が高い。64〜83年度は陪審裁判の有罪率が高い年が増えた。84年度以降は連続して陪審裁判の有罪率が高い。犯罪の激増で国民の処罰志向が強まったと見られる。

陪審制には、「誤判」も多い。明らかに有罪とすべき事件が無罪になったり、その逆のケースが起きたりすることは珍しくない。

八〇年代の米国の学者の研究では、史上、三一〇件の冤罪が確認され、一九〇〇年以降の二〇五件では、二一件の死刑事件が含まれていた。このうち一五件は死刑から無期刑に軽減された後に冤罪であることが判明。残りの六件は、死刑執行前に冤罪であることが分かった。この二一件は、死刑執行までの期間がたまたま長かったために新証拠が発見された。すでに死刑が執行された事件の中には、冤罪であることを証明する時間がなかったものがあると推測される、としている。

こうした例から、陪審の事実認定能力への疑問も指摘されるが、国民の間から「陪審制廃止」という声は上がらないのが、米国の現実だ。フィラデルフィアの日系二世裁判官は「陪審は必ず間違いを犯す。それでも究極において個人の権利を守り、民主主義を擁護するという観点からは陪審は何物にも代え難い、という思いがある」と語っている。

米国の陪審制に詳しい法曹関係者は「陪審制は一種の政治制度。事件の真相解明より、手続の公正さを最大限に重視する制度で、多人種国家の米国では、陪審制が国民の求心力となっている」と分析している。

英国の陪審制

陪審制の母国、英国の実情については、やはり最高裁の調査報告書「陪審・参審制度　英国編」（九九年刊）があり、米国の運用との違いなどが詳細にレポートされている。以下は、同書をもとにしたイングランドとウェールズの概観である。

英国の陪審制の起源は、一一世紀にさかのぼる。当時のノルマンディー公が、土地調査のため住民を召集したのが民事陪審の始まりだ。一一六六年、ヘンリーII世がそれまでの犯罪申告制度を成文化し、召集される代表者（陪審員）を一二人と定めた。これが起訴陪審の起源となる。

当時のヨーロッパでは、刑事紛争の解決には、神判や決闘裁判で行われるのが一般的だった。神判は、火や水を使い、被告の有罪・無罪を神に問うもので、僧侶が関与していた。しかし、ローマ教会は、一二一五年のラテラノ公会議で、神判への僧侶の関与を禁止した。ヨーロッパ諸国では、神判に代わる刑事裁判手続として、裁判官の関与による公的な捜査手続で真相を解明する糾問手続が生まれた。一方、英国では、起訴陪審を有罪・無罪の判断にも利用するようになり、審理陪審が誕生した。これが、いわゆる陪審制の始まりだ。

現在の英国では、刑事事件の第一審は、刑事法院（クラウン・コート）と略式裁判を行う治安判事裁判所が担当する。刑事法院が日本の地裁、治安判事裁判所が簡裁に当たる。陪審裁判は、刑事法院のみで行われる。

英国では、罪の種類を次の三通りに分けている。①正式起訴状により陪審裁判のみで審理される犯罪（殺人、強盗、強姦など）②略式起訴状により治安判事裁判所のみで審理される犯罪（交通事件、脅迫など）③上記いずれの審理方法でも審理されうる犯罪（窃盗、詐欺など）。

重大な①の罪を犯すと、被告は陪審裁判を辞退して裁判官だけの裁判を受けることは許されず、常に刑事法院の陪審裁判を受ける。②の罪では、被告は陪審裁判を希望しても許されない。③の罪では、治安判事が陪審裁判か略式裁判かを決め、被告が陪審裁判を希望すれば認められる。刑事法院の陪審裁判は、①の罪と、③の罪のうち治安判事が認めたものについて行われる。

治安判事裁判所は、禁固六ヵ月、罰金二五〇〇ポンドまでの刑を科すことができる。治安判事は、法律家の資格がない、無給の素人判事だ。約三万人おり、三人の合議体で裁判を行う。

刑事法院の陪審裁判にあたって、まず罪状認否手続（アレインメント）が行われ、被告人が「有罪」「無罪」「訴追された訴因について無罪で、より軽い訴因について有罪」のいずれかを答弁する。有罪答弁があると、陪審裁判は開かれず、直ちに裁判官による量刑手続に入る。無罪の答弁があると、陪審による公判が行われる。より軽い訴因についての有罪答弁では、検察官が受け入れると、有罪答弁と同じ扱いとなる。検察官や裁判官が受け入れない場合は、重い訴因で陪審裁判が行われる。

陪審員候補者は、全国をブロックに分け、ブロックごとに置かれたセンターで選定される。センターは、選挙人名簿から無差別に候補者を抽出し、実際に呼び出す六週間前に陪審員資格の有無を問う質問書を発送する。回答が戻ってくると、特別な調査はせず、刑事法院が必要とする人数の候補者を選定する。刑事法院は、その名簿に基づき呼び出しの四週間前に召喚状を発送する。召喚を受けた陪審員候補者の出頭義務期間は、原則として二週間だ。この間、候補者は土日を除いて毎日裁判所に出頭する。

陪審員となる資格は、一九七四年まで不動産所有者に限られていた。これは選挙権を持つ国民のうち二二%を占めるだけだった。広く国民各層から選ばれるようになったのは、最近のことだ。現在は、原則として一八歳から七〇歳までの者で、選挙人として登録され、一三歳以降に最低五年以上英国に住む者となっている。職業、犯罪歴などにより、除外、欠格、義務免除などが定められているのは、米国と同様だ。

米国より簡単な陪審員選定

裁判所では、召集された陪審員候補者の中から事件ごとに一四、五人が選ばれ、法廷に入る。うち一二人が陪審員席に座り、宣誓を始める。被告側はこの間に忌避できるが、理由が必要なので、通常は忌避の申立てはない。米国のような理由なしの専断的忌避は、一九八八年に廃止されている。また、陪審員候補に様々な質問を浴びせる米国流のボア・ディールもない。このため、陪審員の選定手続はスムーズで、五分程度で終わる。米国では、陪審員の選定に、数日から数週間、ときには数ヵ月もかかることと比べると、大きな違いだ。この結果、裁判所に呼び出す候補者が少なくて済み、経費も節約できることになる。

公判での審理の手順は、米国と同様である。陪審員の評決も、全員一致が原則だ。しかし、評議が長引き二時間一〇分を経過しても、全員一致にならない時は、多数決による評決が認められている。一二人なら、一〇人以上の多数意見が必要だ。この基準にも達しない場合は、審理無効で再審理となる。

一九八八年の統計によると、刑事事件の被告人総数は、約一八〇万二〇〇〇人で、無罪答弁で陪審裁判を受けた者は、約二万八〇〇〇人。陪審裁判が行われたのは、陪審裁判が可能な事件の約六・三%、全刑事事件の約一・六%だった。アレインメント制度による有罪答弁で処理された事件が極めて多いことを物語っている。また、全刑事事件の約九三・六%は治安判事裁判所で処理されている。

刑事法院で、無罪となった被告人について、検察側はその事実認定を覆すための控訴はできない。同法院の有罪の決定（陪審による場合と被告人の有罪答弁による場合）に対し、被告側は、理由が法律問題である時は、権利として控訴できる。その他の理由の場合は、公判を担当した裁判官の証明書か控訴裁判所の許可がない限り控訴できない。

英国では、裁判所での公正な審理を妨げるとして、事件報道や裁判報道について、法廷侮辱の規制を設けている。この規制によって、米国のような煩雑な陪審員選定手続を行わなくて済むといわれている。

英国の刑事法院の審理状況（1993年）

（最高裁の報告書から作成）

<table>
<tr><td>被告人総数</td><td colspan="2">89,800人</td><td colspan="2" rowspan="2">★カッコ内は被告人総数に対する比率</td></tr>
<tr><td>有罪答弁した者</td><td colspan="2">59,152
（65.8％）</td></tr>
<tr><td rowspan="3">全訴因で無罪答弁した者</td><td rowspan="2">無罪となった者</td><td rowspan="2">14,800
（16.4％）</td><td>裁判官の命令・指示による無罪</td><td>8,667
（9.6％）</td></tr>
<tr><td>陪審による無罪</td><td>6,127
（6.8％）</td></tr>
<tr><td>有罪となった者</td><td colspan="3">10,680
（11.8％）</td></tr>
<tr><td rowspan="3">一部訴因で無罪答弁した者</td><td rowspan="2">無罪となった者</td><td rowspan="2">3,390
（3.7％）</td><td>裁判官の命令・指示による無罪</td><td>949
（1.0％）</td></tr>
<tr><td>陪審による無罪</td><td>2,404
（2.6％）</td></tr>
<tr><td>有罪となった者</td><td colspan="3">1,785
（1.9％）</td></tr>
</table>

（注） 全訴因で無罪答弁した者に対し、陪審が結論を出したのは、計16,807人で有罪率は63.5％。一部訴因で無罪答弁した者では、計4,189人について結論を出し有罪率は42.6％。

陪審の判断の信頼性などについて、英国では三つの実証的研究が行われている。そのうち模擬陪審を使ったオックスフォード大の研究では、実際の陪審と模擬陪審は、二五％の割合で結論が反対になった。バーミンガム大は、刑事法院の三七〇人の事件について、裁判官、弁護人、検察官、警察官からアンケート調査した。無罪となった事件（被告人数一一四人）で、三人以上が疑問を表明した事件が二五％あった。一方、有罪となった事件（被告人数二五六人）では、重大な疑いが表明された事件は五％あった。この数字は、無罪方向と有罪方向の、それぞれの誤判率を示しているといえる。有罪方向の誤判が冤罪である。

こうした英国の陪審制について、最高裁の報告書は次のような長所と短所を指摘している。

〈長所〉 職業裁判官に比べて、事件慣れがなく、公正さが制度的に保障されている。判断者の数が多いから事実認定を間違える可能性が少ない。集中審理や口頭主義により、素人が理解できる分かりやすい裁判になっている。広い意味で民主的な機能を果たす。

〈短所〉 事実認定において、訓練されていない素人が、複雑な事件の争点などを理解し、的確に総合判断できるか疑問がある。評決に理由がないのは合理的でない。評決の結果は予測が困難で、誤判の可能性がある。

この結果、報告書は、英国の陪審制を支えるものは、「判断機能としての信頼性や合理性ではなく、その持つ公正さや政治的な意義に対する国民の強い支持である」と結論付けている。

大陸諸国の参審制

ヨーロッパ諸国の参審制については、九二年から九七年にかけて東京三弁護士会陪審制度委員会がフランス、ドイツ、スウェーデン、デンマークを視察し、報告書をまとめており、それらに基づいて概観する。

〈フランス〉 裁判長の強い職権指揮

フランスは、革命期の一七九一年に、起訴陪審と審理陪審を英国から導入した。起訴陪審は一八一〇年のナポレオン法典で削除された。当時の審理陪審は、一二人の陪審員で構成し、有罪か無罪かを判断した。しかし、陪審の無罪率は高く、一九〇〇年当時で三〇%を超えていた。このため、一九四一年から、裁判官と陪審員が、事実認定(罪責)と量刑を一緒に協議する方式に変わった。本来、陪審制では、陪審員は罪責だけを判断する。フランス方式は陪審制と呼ばれているが、実質は参審制といえる。

現在のフランスの陪審裁判は、重い犯罪を扱う重罪院で開かれる。裁判官三人と陪審員九人の計一二人で審理し、多数決で罪責と量刑を決める。有罪か無罪を決める投票では、八票の賛成がないと有罪と決めることができない。裁判官三人が賛成しても、なお陪審員の過半数である五人の賛成が必要となるわけだ。量刑の投票では、単純多数決の七票でよいことになっている。

陪審員には、二三歳以上、フランス語の読み書きができ、前科のない者などの資格要件がある。フランスの成人は一八歳だが、陪審員は、それより年長者としている。

各県の重罪院は三ヵ月に一回開かれ、それに合わせて陪審員候補者名簿が作られる。地方自治体が選挙人名簿から抽選で選んだあと、重罪院が開廷期の前に、予備陪審員一〇人を含む四五人の名簿を作る。最後に、法廷でくじを引き、陪審員九人と予備陪審員一、二人を選ぶ。その過程で、検察側が四人まで、弁護側が五人までの陪審員に対し、専断的忌避ができる。陪審員候補者の義務期間は、パりの場合で一五日である。

法廷では、陪審員は三人の裁判官の両脇に座る。フランスは予審制をとっており、裁判長がその記録を読み、職権的に強力な訴訟指揮を行っている。また、有罪答弁制がないので、重罪の犯罪はすべて陪審で審理される。事実上の参審制ではあるが、判決には理由がなく、この点では陪審制の特長が現れている。

陪審制をめぐってはフランス国内でも賛否両論がある。賛成派は、①陪審員は政治的権力から独立・自由だ②陪審の存在が司法の権威を増大させる③陪審制が市民と法律の乖離を防いでいる――と主張する。批判派は、①陪審制はコストが高い②陪審員は法律を知らず、証拠の評価に慣れていない③陪審員は、マスコミの影響を受けるなどし、不平等の判断を示す――と反論する。しかし、国民の間に陪審制廃止を求める声は上がらない。弁護士会調査団がインタビューしたポワチエ大教授は「個人的には陪審にあまり賛成ではないが、陪審はフランスの司法の景色の一部になっていると考えている」と解説している。

ただ、八〇年代には、国家の安全に関する犯罪やテロ犯罪について、重罪院の七人の裁判官が陪審なしで審理することが認められている。

〈ドイツ〉 徹底した口頭主義

ドイツもフランス革命の影響を受け、一八四八年から陪審制を採用し、各州で陪審裁判所が作られた。この裁判所は、一二人の陪審員と五人か三人の裁判官で構成されて重罪を審理し、陪審は事実認定を判断した。その後、軽罪について裁判官と市民が共同して審理、判決を出す参審制が導入された。陪審裁判に対しては、不当な無罪が多い、時間と費用がかかる――などと批判が高まった。その結果、一九二四年の改革で陪審制を廃止し、全面的に参審制をとるに至った。戦後もこの体制が引き継がれている。

現在は、日本の簡裁に近い区裁判所と地裁小刑事部が、裁判官一人と参審員二人で構成される。地裁大刑事部が裁判官三人（場合によっては二人）と参審員二人という構成だ。区裁は軽罪事件を扱い、地裁小刑事部がその控訴審となる。地裁大刑事部は、重罪事件の第一審だ。区裁には、裁判官一人だけで審理する軽罪事件もある。

軽罪は高等裁判所までの三審制、重罪は地裁大刑事部と連邦裁判所の二審制だ。高裁と連邦裁は法律審なので、三人か五人の裁判官だけで裁判する。

ドイツの刑事裁判の手続は、事前手続→中間手続→公判手続→評議と評決→判決という流れになっている。事前手続は、警察や検察の捜査で、捜査が終わると検察官が起訴状を裁判所に提出し、公訴を提起する。日本は起訴便宜主義をとるが、ドイツは起訴法定主義である。日本の起訴状一本主義と違い、起訴と同時に一件記録も裁判所に送られる。中間手続では、裁判官が記録を精査し、公判を始めるか手続を打ち切るかを決める。

公判手続で、参審員が登場する。法廷では、起訴状の朗読に続き、裁判長の職権で被告人質問や証人尋問などの証拠調べが行われる。参審員は、予断排除のため起訴状を渡されることもなく、記録を読むこともできない。参審員は法廷でしか心証を得ることができないため、徹底した直接主義と口頭主義がとられている。

証拠調べが終わると、裁判官と参審員が評議し、評決の投票を行う。有罪か無罪かという罪責で被告人に不利な判断をするときは、三分の二の多数が要求されている。例えば三人構成の区裁では、裁判官のほかに参審員一人の賛成が必要である。五人構成の地裁大刑事部だと、三人の裁判官の賛成だけでは三分の二に足りないから、やはり参審員一人の賛成を必要とすることになる。判決はその日のうちに言い渡され、後日裁判官が理由も示した判決書を作成する。

参審員は二五歳から七〇歳までの市民で、任期は四年。再任ができる。各裁判所で必要な人数を決め、市町村に予備参審員と合わせた候補者名簿の作成を依頼する。参審員は、年間約一二開廷日を超えて召集されない。市町村では、希望者からの申し出、政党の推薦、住民登録からの抽出によって候補者を選ぶ。市町村が作成した候補者名簿は、議会で三分の二の多数による承認が必要である。参審員選任の手続に政治性、党派性がみられるのがドイツの特長だ。

ドイツ統一直前の一九八九年で、参審員は予備を含め三万一四二五人だった。少年事件専門の参審員を加えると、四万三四二五人に上っている。

参審制の評価に関する大学の調査によると、素人の裁判への関与について、参審員の九八%が「有意義」と答えた。同じ質問で裁判官の七四%、検察官の七六%が参審制を肯定している。このようにドイツでは、参審制の廃止論は有力ではない。しかし、経済刑法の事件は、理解が困難であり、裁判が長期化しがちでもあることから、参審員を除外すべきだという意見は根強い。

〈スウェーデン〉当事者主義の参審制

古く九世紀ごろから、村落のすべての男が集まって裁判するという制度があった。しかし、部族間の土地争いなどでは、二つの部族から各六人ずつ出て、計一二人で結論を出すやり方もあった。これがスウェーデンの陪審制の起源である。九世紀ごろにデンマークのバイキングが伝えたという。一方、神判や決闘裁判も行われていたが、一二一五年にローマ教会によって禁止された。このため、一二二〇年からは、証人をたてる、宣誓をする、陪審が判断する、という三つの方法で裁判が行われるようになった。

一四世紀になると、立法・司法を国王が握り、貴族の裁判官が任命された。この場合でも、一二人の農民の陪審員がおり、裁判官は議長役を務めた。一六世紀は、ヨーロッパの戦争で貴族が多忙となり、裁判は一二人の農民による素人裁判官にまかされた。その後、法律の数が増え、専門知識を持つ職業裁判官の地位が高まった。一七三四年、法律で裁判官の優位が確立し、素人裁判官である一二人の参審員は、全員一致の場合のみに、裁判官の評決を覆すことができるとされた。全員一致の参審員の評決を、集合的評決という。

このシステムは、第二次大戦後の一九四八年まで、約二一〇年間続いた。同年の改革で、参審員の数は九人に減った。一九七一年、それまで地方だけで行われていた参審制が都市部の裁判所にも導入された。同時に、刑事事件の参審員の数が五人に減り、民事事件での参審制は廃止された。さらに、一九八三年、参審員の数は三人に減ったが、集合的評決の制度がなくなり、各参審員に裁判官と同等の評決権が与えられた。まだ、約二〇年前のことだが、これがスウェーデンの参審制の歴史で、最も重要な改革といわれている。

スウェーデンでは、地方裁判所が第一審である。刑事事件で、軽い犯罪は裁判官一人で審理される。その他の事件は、裁判官一人と参審員三人（懲役二年以上の重罪事件は参審員五人）の構成になる。控訴審の高等裁判所では、一審に参審員が関与すると、三人の裁判官と二人の参審員が法廷を構成する。一審に参審員が関与していないときは、裁判官三人だけの法廷となる。

現行の刑事訴訟手続法は、一九四八年に制定された。参審員という素人が関与するため、口頭主義、直接主義、集中審理主義の三原則を採用している。また参審制だが、ドイツ・フランスの職権主義と違い、検察・弁護側が立証・反論を進める当事者主義をとっている。一九四八年までは職権主義だった。裁判官と参審員の合議では、過半数の意見が結論となる。地裁で二対二と意見が割れたような場合は、被告人に有利な意見が選択される。

参審員は、政党が代表者として候補者を決め、市議会が最終的に選出する。任期は三年で再任できる。地裁では裁判当日に参審員が裁判所に出頭するが、審理する事件については一切知らされていない。しかし、高裁では公判の一週間前に地裁の判決や記録が届けられ、それを全部読んでから法廷に臨むことになる。

司法行政庁の説明によると、スウェーデンの参審員は約八〇〇〇人。一九九一年度で、参審員への手当ての総額は、五五〇〇万クローネ（約七億円）だった。刑事裁判約七万三〇〇〇件のうち、約八四%の約六万一〇〇〇件に参審員が関与した。一年間に参審員を務めた日数は、平均で一二日間だったという。

また、再任の人が多く、参審員の七〇%以上は一期以上を努めている。三〇%以上は一〇年以上、約五%は二〇年以上も参審員を努めているという。女性は五割弱だったが、三九歳以下の若い人はわずか六%。高齢の退職公務員が多いのが特長になっているという。

素人裁判制度を研究しているストックホルム大助教授によると、大部分の事件で裁判官と参審員はコンセンサスが得られ、意見の不一致はめったに起こらない。参審員も九〇%は裁判官との協力はよく機能していると信じている。一方、裁判官は、五割近くが昔のような集合的評決に戻したいと考えている。約一割は参審員が機能しないと思い、六%は参審員を除外すべきだと考えているという。

しかし、弁護士会調査団がインタビューした高裁判事は、参審制について①裁判が専門家に独占されず、市民に裁判制度に対する信頼を与える②市民が裁判の内情を知ることができる③日常生活における市民の経験を裁判官に伝えることができる——という理由をあげて、評価している。

高裁での参審制については、この判事も含めて不要だとする関係者が目立っている。政党による推薦という参審員の選任手続に疑問を指摘する人もいる。総じて英米流の陪審制に否定的であることも関係者に共通だ。しかし、素人裁判官は八〇〇年近い伝統があり、参審制そのものを廃止しようという声は大勢とはならないようだ。

〈デンマーク〉陪審、参審の併用システム

スウェーデンと同じ北欧の国でも、デンマークは陪審制と参審制を併用するユニークな国だ。陪審制は、立憲君主制を定めた一八四九年の憲法で、重大な事件を審理するものとして採用された。一九一九年施行の訴訟運営法で、高等裁判所で陪審審理が始まり、一九三六年の同法改正により、その他の刑事事件について参審制が導入された。参審制は、大陸法をモデルとし、効率的で廉価な市民参加の方法として選ばれた。

現行の参審制では、地裁が裁判官一人と参審員二人、高裁が裁判官三人と参審員三人という構成がとられている。一方、陪審制は、高裁で裁判官三人と陪審員一二人の体制で行われる。

陪審制や参審制による審理の対象となるのは、原則として被告人が起訴事実を否認している事件だけである。検察側は、四年未満の拘禁刑を求刑するときは、地裁に起訴する。被告人が否認すると、

参審制の裁判が始まる。被告人が有罪を認めている場合は、単独の裁判官が審理する。地裁の判決に対する控訴は、高裁で参審制によって審理される。

検察側が四年を超える求刑を行う重罪の否認事件は、第一審である高裁に起訴し、陪審制で審理される。被告人が有罪を認めているときは、地裁で裁判官による審理が行われる。

参審制の審理では、参審員は公判の日に裁判所にくるまで事件については何も知らない。裁判官も記録を読まずに法廷に臨み、起訴状一本主義的に運用される。直接主義、口頭主義、当事者主義も原則である。審理の合議では、裁判官も参審員も一票を持ち多数決によって罪責と量刑を決める。判決は裁判官が作成し、理由が明示されるが、参審員の名前は記載しない。裁判官と参審員には守秘義務がある。

高裁の陪審裁判では、審理が終わると裁判長が陪審員に説示し、陪審団はまず有罪か無罪かを評議する。有罪答申の場合、弁護・検察側が量刑の意見を述べ、裁判官と陪審員が一緒に量刑の評議を行う。

陪審団一二人の罪責の評議は多数決で、有罪を認定するには八人以上の賛成がいる。無罪の評決は裁判所を拘束する。量刑の評議では、陪審員が各一票の計一二票、裁判官が各四票で計一二票と、同数の票を持ち、多数決で量刑を決める。賛否同数の場合は、被告人に有利な方が裁判所の意見となる。

陪審の有罪評決について、三人の裁判官のうち二人が支持できないと考えた場合、有罪評決を破棄し、新たな陪審、新たな裁判官による審理のやり直しを求めることができる。これが、被告人に対す

諸外国における陪審制と参審制

（最高裁や東京三弁護士会陪審制度委員会の報告書などで作成）

国名（人口）	国民の司法参加の方法	陪審員・参審員の選び方	各制度の対象	費用	陪審員・参審員の義務期間	評議・表決の方法	その他
米国（約二億六〇〇〇万人）	陪審制（原則一二人、八人や六人も）	裁判所の事務局が選挙人登録名簿などで無作為抽出	法定刑が六か月を超える拘禁刑の重罪など	陪審員の報酬は連邦で一日四〇ドル、州で四～三〇ドル	州により一～二週間から二年間。一日一公判方式も	全員一致が原則	罪状認否制度あり。ボア・ディールと専断的忌避あり。法曹一元制
英国（約五八〇〇万人）	陪審制（一二人）	全国のブロックごとのセンターが選挙人名簿から抽出	刑事法院で正式起訴状の重罪など	旅費・日当・賃金補償で計二四六〇万ポンド	二週間	全員一致が原則。評議が二時間一〇分を超えると多数決	罪状認否制度あり。専断的忌避廃止。法曹一元制
フランス（約五八〇〇万人）	変則的陪審制（裁判官三人＋陪審員九人、実質は参審制）	地方自治体が選挙人名簿でリストを作成。重罪院で四五人から選ぶ	重罪のみ。三か月に一度開く重罪院で審理	報酬は一日一万二〇〇〇～一万三〇〇〇フラン	一五日（パリの場合）	有罪・無罪と量刑を一二人で評議し、多数決	罪状認否制なし。予審制。裁判長による職権主義。判決には理由なし。裁判官はキャリア制
ドイツ（約八二〇〇万人）	参審制（裁判官一人＋参審員二人、裁判官三人＋参審	市町村が政党の推薦などでリストを作り、議会が承認。	三人制の区裁と地裁小刑事部は軽罪、五人制		任期は四年。再任できる。	有罪・無罪と量刑を評議し、三分の二の多数決で決める	一九二四年陪審制廃止し、参審制へ。職権主義だが、直接主義

大陸諸国の参審制

	員二人）	統一直前で約四万三〇〇〇人（少年事件の参審員を含む）	の地裁大刑事部は重罪。区裁の軽罪は裁判官一人の場合も				と口頭主義が徹底。キャリア制
スウェーデン（約八八〇万人）	参審制（裁判官一人＋参審員三人、裁判官一人＋参審員五人、裁判官三人＋参審員二人）	地裁管内の市議会が、政党の氏名した候補者を選ぶ。全国で約八〇〇〇人	軽罪以外について地裁の四人制で。重罪は地裁の六人制。地裁で参審員が関与した場合、高裁は五人制で	参審員の手当ては年間計五五〇〇万クローネ	任期三年。再任できる。	有罪・無罪と量刑を決める。約二〇年前から参審員は裁判官と対等に一票を持つ。多数決制	当事者主義。参審員の関与率は約八四％（一九九一年）。キャリア制
デンマーク（約五二〇万人）	参審制（裁判官一人＋参審員二人、裁判官三人＋参審員三人）と陪審制（裁判官三人＋陪審員一二人）の併用	市議会が政党の推薦で選ぶ。コペンハーゲンの東高裁管内で陪審・参審員候補者は約六〇〇〇人。	有罪を認めた自白事件は地裁で裁判官の裁判。否認事件のうち重罪を第一審・高裁の陪審制で	参審員・陪審員の日当は六〇〇クローネ	任期四年。再任できる。一人で陪審員と参審員を経験することも	参審制の評議は、多数決。高裁の陪審裁判では、有罪の認定には八人以上の陪審員の賛成が必要。陪審の無罪評決は裁判所を拘束。裁判官が有罪評決に反対すると審理やり直し	当事者主義。陪審制は憲法により一九一九年から実施。参審制は一九三六年から導入。陪審裁判は年間六〇件（一九八六年）。陪審裁判の判決は理由なし。キャリア制

る「二重の保障」と呼ばれる制度である。陪審裁判の判決には理由が示されない。陪審裁判による有罪・無罪の判断を覆すためには上訴できない。手続違反や量刑に関しては、最高裁判所に控訴できる。

参審員と陪審員の任期は四年で、再任できる。自治体ごとのリスト委員会が、二一歳以上の有権者を集めた選挙人名簿から参審・陪審員に適していると思われる候補者を選び、基礎リストを作る。リストは高裁に送られ、前科などの欠格事由を審査したうえ、地裁の参審員候補者と高裁の陪審員・参審員候補者を無差別に選び、それぞれのリストを作る。基礎リストを作る際には、政党の推薦も考慮されているようである。陪審・参審員は、年四回ほど審理に関与するとされている。一人で陪審員も参審員も経験することがあるのが特色だ。

デンマークには高裁が東西二つあり、コペンハーゲンの東高裁では、高裁の陪審・参審員候補者リストに一七〇〇人、地裁の参審員候補者リストに四三〇〇人を登載している。高裁で陪審員を選ぶときには、検察・弁護側は、理由付き忌避ができるほか、各二人まで専断的忌避もできる。

デンマークでは、年間約八万五〇〇〇件の刑事裁判がある。一九八六年で、一審の参審制裁判は、約七五〇〇件だった。一方、陪審裁判は約六〇件で、参審裁判の一%に満たない。

参審制に対しては、国内に大きな批判はなく、ほとんどの法曹関係者はこの制度を支持している。だが、陪審制については、判決に理由がなく、陪審が行った事実認定の是非を控訴して争えないことで、強い批判がある。陪審制度改正に関する司法運営委員会は一九九八年、高裁の陪審制を事実上廃止し、参審制を採用するという答申を政府に出したが、論議はまだ決着していないようである。

日本の陪審裁判と憲法

戦前の日本では、一九二八（昭和三）年から陪審裁判が始まり、不人気で停止される一九四三年まで、一六年間続いた。その陪審法は、一九二三（大正一二）年に成立し、足かけ六年の準備期間を経て、施行された。その制度の概略は次のようになっている。

犯罪が起きると、検察官が指揮して捜査を行い、複雑な犯罪の場合、地方裁判所に予審を請求する。そうでない事件は、直に地裁に公判請求する。予審判事は、事件を取り調べた結果、公判を請求するだけの犯罪の嫌疑があると、公判に付す旨の裁判を行う。予審の手続は非公開だ。

予審から公判になった事件と直に公判請求された事件のうち、重い犯罪の事件が陪審裁判となる。この事件は法定陪審事件と請求陪審事件に分かれる。法定事件は、死刑または無期の懲役か禁固の事件だ。請求事件は、長期三年を超える有期懲役か禁固の事件で、被告人が陪審裁判を求めた場合である。法定事件では、被告人が陪審を辞退でき、請求事件も被告人は請求をいつでも取り下げることができた。また、被告人が犯罪事実を認めているときには、陪審裁判は行われない。

陪審員の数は一二人。資格として、①三〇歳以上の日本国民の男子であること②引き続き二年以上同じ市町村に住んでいること③引き続き二年以上直接国税三〇円を納めていること④読み書きができること――が要求される。欠格や除外などの要件も規定している。市町村が陪審員候補者名簿を作り、地裁が割り当てた人数を抽選で選び、そのリストを地裁に送る。地裁では、陪審裁判の公判期日が決まると、各市町村のリストから三六人を選び、公判に呼び出す。

陪審員の選定は、非公開の法定で、弁護側と検察側が専断的忌避を行いながら進められ、一二人の陪審員が決まる。裁判所は三人の裁判官の合議体である。公判では、まず陪審員が宣誓する。その後、検察官が冒頭陳述を行い、裁判長が被告人・証人・鑑定人などを尋問する証拠調べが行われる。証拠調べが終わると、検察・弁護側が意見を述べ、裁判長が陪審員に説示する。さらに裁判長は、犯罪構成事実の有無について、「然り」または「然らず」と答え得るような問書を陪審に渡す。

陪審員は、問書について別室で評議を行うが、犯罪事実を認めるには、陪審員の過半数の意見が一致することが必要である。結論が出ると、問書にその答申を記入し、陪審長が法廷で朗読する。陪審が犯罪事実を認めると、裁判所は当事者の意見を聞き、合議して刑を言い渡す。答申が犯罪事実を認めない場合、裁判所は無罪を言い渡す。

しかし、陪審の答申がどちらであっても、裁判所が不当と考えた場合、審理を中止し、事件をさらに別の陪審に付すことができる。

陪審の答申を採用した判決に対しては、控訴ができない。陪審の構成で違法な点があるなど特別な理由がある場合だけ、大審院に上告できる。陪審裁判は、二審制ということになる。

裁判官を拘束しない陪審答申

この陪審制は、有罪あるいは無罪という陪審団の評決が裁判官を拘束しない点に最大の特長があった。陪審は、いわば諮問機関であり、評決も「答申」と呼ばれた。裁判官は、陪審の答申を不当と考えた場合、何回でも陪審を入れ替えて審理をやり直すことができた。事実認定を陪審の専権としない点で、戦前の日本の陪審制は、本来の意味での陪審制ではなかったのである。

こうした変則的な陪審制が誕生したのは、当時の明治憲法によって国民の司法参加に制約があったからだ。

明治憲法は、司法権に関し、国民に「裁判官の裁判」を受ける権利を保障し、裁判は天皇に任命された官吏の裁判官が、独立して行う──などと定めていた。陪審法の原案は、一九二〇年、大正デモクラシー時代の原敬内閣によって作られたが、これらの憲法の規定を根拠に陪審制違憲論が起きた。そこでは、①裁判官は官吏が予定され、官吏でない陪審員が裁判することは違憲②裁判官は独立であり、陪審員の決定に拘束力を認めることは違憲──などと主張された。このため、政府案は陪審の判断が裁判官を拘束しないシステムに大修正されることになったのである。この時の首相は、高橋是清だった。

陪審法は一九四三（昭和一八）年四月一日に停止されたが、陪審裁判がスタートした一九二八（昭和三）年一〇月から、停止の前年の一九四二（昭和一七）年まで一五年間の実績を見ると、次の通りである。

陪審裁判となった事件は、総件数で四八四件。うち法定陪審事件が四四八件、請求陪審事件はわずか一二件だった。このほか陪審を更新した事件が二四件ある。総件数は、陪審法施行の翌年である一九二九年が最も多く、一四三件。次の三〇年には六六件と半減し、三八（昭和一三）年以降は、年間四―一件と激減している。罪名別では、殺人（二一五件）と放火（二一四件）が圧倒的に多く、それぞれ約四四％を占める。

平均一・七日の裁判

陪審裁判の結果では、有罪が三七八件、無罪が八一件。無罪率は約一七％である。罪名別の無罪率では、殺人（約六％）と放火（約三一％）が、当時の裁判官裁判による無罪率より著しく高いとされている。

陪審裁判にかかった日数は、二日が最も多く、最長は七日だった。平均では、一・七日である。

陪審法の施行にあたり、政府は年間の陪審裁判は約二三〇〇件と推定した。法定陪審事件が一三七一件で、自白や辞退の件数を三割とみて、九五九件とはじいた。また請求陪審事件は一九一六件とし、やはり三割の請求取り下げがあるとみて、一三四一件と想定した。その合計が約二三〇〇件である。

しかし、実績は、この想定をはるかに下回る結果となった。

このように陪審裁判が不人気で、不振だったのはなぜか。法定陪審事件では辞退が多く、請求陪審事件では、被告人側が陪審裁判を求めなかったからである。その理由について、様々な指摘がなされているが、それを列挙するとおおよそ次の通りだ。
① 官尊民卑の感情があり、国民が、「仲間」から裁判されるより、「お上」から裁判される方を選んだ。
② 陪審が関与した判決に対し控訴できなかった。
③ 裁判所が陪審の答申を不当と認めるときは、何回も陪審を更新できた。
④ 裁判所や検察官、弁護士が、手続が面倒で費用もかかる陪審裁判を敬遠し、しだいに消極的になった。
⑤ 弁護士は陪審裁判が始まると終わるまで他の仕事ができない。控訴できないから、陪審は「危険な賭け」といわれ、弁護士も被告人に辞退を勧めた。
⑥ 陪審制を「政治制度」と見た場合、大正デモクラシーの中で推進役であった政党がその後凋落した。
⑦ 被告人が期待したほどには無罪判決が多くなかった。
⑧ 陪審事件の範囲が狭く、選挙違反や治安維持法違反事件などが陪審不適事件として除かれた。

⑨　請求陪審事件では、有罪になると陪審呼出費用、陪審員の旅費・日当・宿泊費用という陪審費用が被告人の負担になった。

陪審法は、一九四三年の「陪審法ノ停止ニ関スル法律」によって停止された。太平洋戦争が激化したため、市町村・一般国民・裁判所・検察が費やす労力・物資・費用を節減し、それを戦争遂行上より有効な方面に集めるのだ、と説明された。同法は「大東亜戦争終了後再施行スル」とし、戦後の一九四六年の勅令で「大東亜戦争」が「今次ノ戦争」と改められている。

日本国憲法のもとでの陪審制と参審制

現在、裁判所法は、三条で「刑事について、別に法律で陪審の制度を設けることを妨げない」と規定している。しかし、その陪審制と参審制に関しては、現行憲法のもとでも明治憲法とよく似た憲法問題を抱えている。

現憲法は、何人にも「裁判所」において裁判を受ける権利を保障している。また、裁判官は良心に従い独立して職権を行うとし、高裁以下の下級裁判所の裁判官について、一〇年の任期や報酬・身分の保障を定めている。

憲法学界の通説では、まず陪審制について、「裁判所」の構成に一般国民である陪審員を含めることは可能で、被告人に陪審を拒否できる自由があり、裁判官が陪審の判断に絶対的に拘束されることがないなら、合憲とする。いわば限定合憲説だが、これなら戦前の陪審制に近い形態となる。

もっとも、被告人が有罪を認めると証拠調べをせずに裁判官による量刑手続に入る、英米流の罪状認否制度（アレインメント）を導入すると、「何人も、自己に不利益な唯一の証拠が本人の自白である場合には、有罪とされ、又は刑罰を科せられない」という憲法三八条に抵触する恐れが出てくる。

一方、市民と裁判官が一緒に審理・合議し、判決を出す参審制に対しては、通説は違憲説をとっている。①憲法に参審制を認める規定がない②憲法が裁判官の任期・身分保障などを定めているのは、専門の裁判官のみの裁判を予想しているためで、素人の臨時裁判官を認める余地はない——などが大きな理由だ。

現憲法の制定過程では、GHQ（連合国軍総司令部）の初めの試案には、「陪審審理は、死刑を科しうる罪について起訴された者にはすべてに、重罪について起訴された者にはその者の請求により、与えられる」という、陪審制を設ける規定があったが、マッカーサー草案では削除されている。しかし、GHQ側はその後、裁判所法に陪審制を盛り込むことを要求した結果、三条の規定が生まれた。しかし、参審制については、裁判所法の審議の過程で、「留保して研究する」とされたままだった。

通説によれば、英米型の完全な陪審制や参審制を導入するためには、憲法改正が必要ということになる。このテーマは、司法制度改革審議会だけでなく、二〇〇〇年の通常国会で発足した衆参両院の憲法調査会の課題でもある。

日本に陪審制や参審制を導入する条件

一九九八年一〇月、成蹊大学で日本刑法学会東京部会が、「陪審、参審、職業裁判官」というテーマでシンポジウムを開いた。最高裁に派遣されて、米国の陪審制とドイツの参審制を調査・研究した現職裁判官二人がコメンテーターとして出席した点で異色のシンポジウムだった。シンポジウムの内容が、「刑法雑誌第三九巻第一号」に掲載されており、二人の裁判官の発言要旨を紹介する。

米国に派遣されたのは、東京地裁の山室恵裁判官である。山室裁判官は陪審制への疑問を次のように述べている。

〈国民の理解と協力〉 陪審制導入について、国民側にこれを受け入れようとする機運がどの程度あるか明らかでない。推進論者は論証の責任がある。陪審制は、上からの押しつけでなく国民の理解と協力がないと制度として定着しないのは明らかである。

〈弁護士の業務態勢の転換〉 弁護人は陪審制の連日開廷に耐えられるのか。収入の大部分を民事に頼る弁護士の業務態勢の下で、民事裁判を現状通り五月雨式に行いつつ、刑事の陪審裁判だけ連日開廷をすることが可能だろうか。

〈口頭主義の徹底〉 陪審制では、法廷における口頭による説得・議論が不可欠になる。あらかじめ準備された書面を読み上げることに慣れた日本の法律家が、これに耐えられるか。
〈精密司法の克服〉　陪審制では、現在のような細かな点の立証・反証を諦め、いわゆるラフ・ジャスティスを容認しなければならない。しかし、精密司法は日本の文化と無関係ではない。
〈誤判防止にならない〉　米国の陪審制の下では、かなりの数の誤判が生じている。陪審制は実体的真実の追求に適切な制度ではない。陪審制を導入すれば誤判が避けられるという見解は根拠のない空論だ。
〈事実認定を理由とする控訴〉　陪審制は、一本勝負であって事実誤認を理由とする控訴は許されない。事実認定を陪審に任せる以上、おかしな結論も受け入れる必要がある。
〈報道規制〉　公判前のマスコミによるセンセーショナルな報道に対し、陪審の公平さを確保する対策がほとんど議論されていない。日本では、「犯罪地の変更」も有効ではない。英国のような報道規制に踏み切る余地があるのか検討すべきである。
〈法改正の必要〉　陪審制の導入には、刑事訴訟法の改正は当然で、刑法も分かりやすいものに変える必要がある。
〈総括的な感想〉　米国は、膨大な手間とコストをかけて陪審制を維持している。「陪審制は改革なしでは自壊するかもしれない」という法律家が増えているという評価もあり、米英以外の先進国で陪審制をとっていないことにはそれ相応の理由があるというべきだ。「陪審制はしょせん前近代的な制度」という言葉に共感を覚える。

ドイツに派遣されたのは、東京高裁の岩瀬徹裁判官。岩瀬裁判官も、「参審制の導入については、陪審制導入の問題点として山室裁判官が指摘したことが穏やかな形で当てはまる」と指摘。導入の方向で議論する場合、「参審員が関与する事件の範囲」「裁判官と参審員の比率」「参審員の選出方法」「憲法との関係」などの検討が必要だとしている。

まとめ

現行憲法のもとでは、議院内閣制や地方自治制により、立法や行政の分野における国民の参加が実現している。

司法の分野では、間接的に国民が関与する方法として、最高裁裁判官の国民審査、内閣が法律家でない最高裁裁判官や簡裁裁判官を任命する制度がある。直接的な方法としては、簡裁の司法委員、家裁の参与員、民事や家事の調停委員や検察審査員の制度がある。だが、司法への国民参加はいずれも制限された形態であり、より直接的に国民が裁判に関与する制度が、陪審制や参審制である。二一世紀への司法改革では、日本弁護士連合会が、キャリア裁判官による官僚司法を批判するという形で、陪審制・参審制の実現を強く求めている。

しかし、米国と英国の陪審制、ヨーロッパ大陸諸国の参審制を概観してきた中で、改めて「制度」

まとめ

戦前の日本の陪審裁判件数

年＼区別	法定・請求陪審事件受理総件数			陪審裁判の総件数	
	法定、請求の別	刑法犯	特別法犯		
1928(昭和3)年 10～12月	法　定	309	—	法定	28 △ 3
	請　求	6	—	請求	—
1929年	法　定	1,428	6	法定	133 △ 3
	請　求	17	—	請求	7
1930年	法　定	1,699	2	法定	66
	請　求	3	—	請求	—
1931年	法　定	1,981	5	法定	56 △ 3
	請　求	5	—	請求	1
1932年	法　定	2,270	5	法定	48 △ 6
	請　求	3	—	請求	1
1933年	法　定	2,126	4	法定	34 △ 1
	請　求	2	—	請求	1
1934年	法　定	2,269	4	法定	24
	請　求	2	—	請求	2
1935年	法　定	2,083	3	法定	17 △ 1
	請　求	–	—	請求	—
1936年	法　定	2,043	5	法定	16 △ 3
	請　求	–	—	請求	—
1937年	法　定	1,917	6	法定	13 △ 2
	請　求	–	—	請求	—
1938年	法　定	1,732	1	法定	4
	請　求	1	—	請求	—
1939年	法　定	1,424	2	法定	3 △ 1
	請　求	–	—	請求	—
1940年	法　定	1,235	2	法定	4
	請　求	–	—	請求	—
1941年	法　定	1,229	—	法定	1
	請　求	–	—	請求	—
1942年	法　定	1,352	7	法定	1 △ 1
	請　求	4	—	請求	—
計	法　定	25,097	52	法定	448 △24
	請　求	43	—	請求	12

（△印は陪審を更新した件数で外数。最高裁刑事局監修「我が国で行われた陪審裁判」によって作成）

戦前の陪審裁判の罪名別結果

罪　　名	有　罪	無　罪	公訴棄却	計
殺　人	209 △5	14 △1		223 △6
専属監禁致死	1			1
専属傷害致死		1		1
傷害致死	3			3
傷　害	1	1		2
放　火	136 △12	61 △5	1 △1	197 △18
強　盗	20	3		23
強　姦	6			6
猥褻致傷	1			1
偽　証		1		1
通貨偽造	1			1
計	378 △17	81 △6	1 △1	460 △24

（△印は陪審更新件数で内数。最高裁刑事局監修「我が国で行われた陪審裁判」によって作成）

というものに「完全」はないということを痛感している。陪審制にしても参審制にしても、それぞれ長所・短所があり、各国とも国情に合わせて、制度の維持・運営を図っているといえるだろう。では、日本はどうすべきなのか。

現在の陪審・参審をめぐる論議は、まだ一部の専門家の間だけの議論であり、国民的なテーマとして熟していないのが最大の問題だ。国民に司法制度の根幹に関わる変革を迫る以上、もっと時間をかけて啓蒙する努力が関係者に求められる。それを前提とするならば、日本の国民性、法文化の伝統、経済的な条件、法曹側の体制などから見て、陪審制より参審制を選ぶのが現実的だと考えている。この稿は刑事裁判だけを扱ってきたが、民事裁判では、医療過誤や建築紛争などで、職業裁判官に専門家を加えた参審制を実現すべきだという声がすでに高まりつつあるのである。

【参考文献】

最高裁判所事務総局刑事局監修「陪審・参審制度　米国編―陪審の構成・選定手続を中心として―」(司法協会、一九九二年)
同「陪審・参審制度　米国編Ⅱ―公判手続を中心として―」(同、一九九四年)
同「陪審・参審制度　米国編Ⅲ―陪審の事実認定を中心として―」(同、一九九六年)
同「陪審・参審制度　英国編」(同、一九九九年)
東京三弁護士会陪審制度委員会「フランスの陪審制とドイツの参審制―市民が参加する刑事裁判―」(東京三弁護士会陪審制度委員会、一九九六年)
同「スウェーデンの参審制度―国民参加の刑事裁判―」(同、一九九五年)
日本弁護士連合会司法改革推進センター＝東京三弁護士会陪審制度委員会編「デンマークの陪審制・参審制　なぜ併存しているのか」(現代人文社、一九九八年)
最高裁判所判例調査会「世界の裁判所」(最高裁判所判例調査会、一九九五年)
最高裁判所事務総局刑事局監修「我が国で行われた陪審裁判―昭和初期における陪審法の運用について―」(司法協会、一九九五年)

笹田英司『裁判制度　やわらかな司法の試み』（信山社、一九九七年）
高柳賢三＝大友一郎＝田中英夫編著『日本国憲法制定の過程　Ⅱ解説』（有斐閣、一九七二年）
日本刑法学会「刑法雑誌　第三十九巻第一号」（有斐閣、一九九九年七月）

〈コラム〉

陪審員宿舎

一枚の珍しい写真が、『裁判所百年史』（最高裁編）に収められている。木造二階建ての建物。一九二七（昭和二）年に竣工した山形地方裁判所の陪審員宿舎だ。戦前の陪審裁判の際、一二人の陪審員が缶詰になった建物である。

陪審法は、一九二三（大正一二）年四月一八日に公布され、一九二八（昭和三）年一〇月一日から施行された。その間の足かけ六年が準備期間。準備費用は総額で約七〇六万円に上った。昭和二年度の国家予算約一七億三〇〇〇万円の約四％にあたり、当時の文献は「巨額」を強調している。とくに陪審法廷と陪審員宿舎の新築費が、約三六〇万円とほぼ半額を占めた。陪審員宿舎も全国五一カ所の地裁に付属して建てられた。

「裁判所建築の歩み」（司法協会）には、宮崎地裁の陪審法廷と陪審員宿舎の見取り図がある。法廷のそばに陪審員評議室と陪審員控室があり、廊下で別棟の陪審員宿舎に繋がっている。二階建ての宿舎は、一階に食堂があり、二階に四つの寝室が並んでいる。

宿舎を利用する陪審員に対し、六条からなる「陪審員宿舎規程」が作られた。そこでは、他人との交通に関し裁判長の指示を守る、食堂以外で飲食してはいけない、担当事件の記事がある新聞などを読んではいけない、などの禁止・注意事項を列挙している。

各地裁ではさらに細則を作った。前橋地裁の細則は全二九条。いかめしい規定の中で、夕食の時には「適量ヲ超エサル限リ」酒を飲んでもいい、宿舎備え付けの「娯楽器」を使ってもいい、宿舎付近で「運動」をしてもよい、宿舎での入浴は原則として午後一〇時まで——などには、思わずほおがゆるんでしまう。規定の裏に、行動を縛られ、夜は退屈で時間を持て余す陪審員の姿が浮かぶからだ。

山形地裁では、昭和三年一一月二三日、初めての陪審裁判が開かれた。男性被告の殺人事件で、陪審員の答申は「無罪」。裁判官はそのまま採択した。答申までは三日かかっている。あの写真の宿舎に泊まった陪審員は、何を考え、どんな三日間を過ごしたのだろうか。


（金丸文夫）

地方自治の本質とは何か

はじめに

一九九六（平成八）年三月に地方分権推進委員会が内閣総理大臣に提出した中間報告「分権型社会の創造」の冒頭は、「平成五年六月の地方分権の推進に関する衆参両院決議、平成六年十二月の地方分権の推進に関する大綱方針の閣議決定、並びに平成七年五月の地方分権推進法の制定は、国権の最高機関たる国会が率先し、これに内閣が歩調を合わせ、明治期以来の中央集権型行政システムを新しい地方分権型行政システムに変革しようとする決意を表明したものであって、わが国の憲政史上にも稀なる画期的な政治決断であった。」という書き出しで始まっている。

地方分権推進委員会の中間報告にもあるように、これまでは、明治期以来の中央集権型行政システムが続いてきたと分析されている。しかし、その間には日本国憲法が制定され、地方自治についても議論がされたが、日本国憲法の制定時において、あるいは日本国憲法では、地方自治については中央集権型行政システムを想定していたのであろうか。仮に日本国憲法制定時の地方自治についての在り方が中央集権型行政システムによるべきであるとしているのであれば、今回の改革は、日本国憲法上どのように評価すべきなのであろうか。

中間報告では、憲政史上にも稀なる画期的な政治決断だと評価しているがそのような政治決断が、日本国憲法上の考え方を何ら変更することなく行われたということができるのであろうか。

地方分権の推進が盛んに議論されているが、国と地方の権限配分、地方自治体に対する国の関与の在り方などを問題としてどのような内容を規定するかについて具体的に議論されることが多い。地方分権の推進のためには、機関委任事務の廃止や補助金の整理合理化が必要であるという議論である。また、地方中核都市制度など分権化のための個別制度構想なども議論されているが、これらはいずれも現状の行政システムを前提にして、その中で従来国にあった権限をいかに移すか、従来の国の関与をいかに少なくするかという議論である。

憲法上の問題として、地方自治を捉えようとするのであれば、まず、地方自治について憲法上の基本的な考え方が明確にされ、その考え方によって国と地方の関係が整理されることが重要である。国と地方の権限配分や地方公共団体に対する国の関与の在り方についても、地方自治法にどのように定めるべきかという問題としてではなく、地方自治法においてどのような定めがなされていなければならないのか、また、法律制度として、国会が判断できる範囲としてどのようなものが憲法上許されるのかという問題として捉えられなければならない。
今、行われようとしている地方分権の推進は、憲法上の地方自治についての考え方にどのような変革をもたらすものでなのであろうか。日本国憲法上の地方自治の考え方について検討してみることが必要であろう。

国の行政権と地方公共団体の行政執行権

日本国憲法では、地方自治について第八章として一つの章を設け、四条の規定を設けている。その冒頭の九二条には地方自治の基本原則として、「地方公共団体の組織及び運営に関する事項は、地方自治の本旨に基いて、法律でこれを定める。」と規定している。また、九四条には、「地方公共団体は、その財産を管理し、事務を処理し、及び行政を執行する権能を有し、法律の範囲内で条例を制定することができる。」と規定している。

この地方公共団体の行政を執行する権能について、一三九回国会の一九九六（平成八）年一二月六日の衆議院予算委員会で菅直人衆議院議員（民主党）と大森政輔内閣法制局長官（当時）との間で、次のような重要なやり取りがなされている（一三九回国会衆議院予算委員会会議録第一号四三頁）。

菅　「憲法六十五条が言っている行政権というものの中には、自治体の行政権というのは含まれているのか、含まれていないのか。……地方分権を議論するときに、すべての行政、つまりは自治体も含めてすべての行政権をいったん内閣が持って、そしてその一部を地方自治体に渡しているというような、そういう理解の仕方をされることもあります。……主権者である国民が自治体の議会を選んで、そこで条例を制定するというのは一つの国民主権から導かれた権能ですので、そこでもう一つの条例制定権があり、そして、自治体はそれに基づく一つの行政権もあると思いますが、これについてどういう見解をお持ちか、お聞かせいただきたい。」

大森　「現行日本国憲法は、第八章におきまして地方自治の原則を明文で認めております。そして九十四条は、「地方公共団体は、その財産を管理し、事務を処理し、及び行政を執行する権能を有する。」このように明文で規定しているわけでございますので、地方公共団体の行政執行権は憲法上保障されておる。したがいまして、ただいま御指摘になりました憲法六十五条の「行政権は、内閣に属する。」というその意味は、行政権は原則として内閣に属するんだ。逆に言いますと、地方公共団体に属する地方行政執行権を除いた意味における行政の主体は、最高行政機関としては内閣である、それが三権分立の一翼を担うんだという意味に解されております。」

このやりとりは、国と地方の憲法上の考え方を示す極めて重要なものである。憲法六五条で定める国の行政権は、地方公共団体に属する地方行政執行権を除いた意味における行政の主体について規定していると答弁している。「すべての行政権をいったん内閣が持って、そしてその一部を地方自治体に渡している」のかという質問に対する答弁であり、国の行政権は、地方公共団体に属する地方行政執行権には及ばないと理解することができる。

国の立法権については、どのように考えるべきであろうか。国の立法権によって地方公共団体に属する地方行政執行権を規制し制限する法律の制定が可能なのであろうか。

憲法の保障する地方自治

憲法上の保障される地方自治の内容としては、二つの要素がある。「住民自治」と「団体自治」である。「住民自治」とは、地方の行政はその地域の住民の意思によって自らの責任で行うことである。「団体自治」とは、一定の地域を基礎とする独立した地域団体が設けられ、この団体がその事務を自己の機関により、自己の責任で行うことである。

こうした地方自治の憲法上の保障の性質については、「固有権説」、「伝来説」、「制度的保障説」の三つの説に分類できる。

「固有権説」というのは、個人が国家に対して固有の人権を持つことと同様に、地方公共団体も当然に国家に対して固有の基本権を持つという考え方である。地方公共団体の持つ支配権は国家とは独立に本来的に持つものであり、国家より伝来したものではないという考え方である。

「伝来説」というのは、地方自治は国家の同意や授権によって国家から伝来したものとする考え方である。地方公共団体の自治権は国家の意思を定める法律に依存するものであり、国は法律で自由に地方自治の保障の範囲を定めることができ、地方自治の廃止を定めることも可能であるとする。国家は単一・不可分の統治権を有しており、主権国家の中の存在である以上、国家の観念から離れた固有の権利は持ち得ないとする。

「制度的保障説」というのは、憲法上の地方自治の保障は、地方公共団体の自然権的、基本権的自治権を保障したものではなく、歴史的伝統的に形成されてきた地方自治を制度的に保障したものであるとする考え方である。この考え方では、地方自治とは、地方公共団体が固有の自治権を持つものではなく、その本質は国家から伝来したものであるが、国家は公法上の制度として地方自治を保障しなければならないことになる。憲法上この地方自治制度の保障に反する法律は定められないということになる。

こうした地方自治の本質についての憲法上の考え方の違いは、地方公共団体の事務の一定の事項については、国の介入を認めないというように理解すべきか、それとも地方公共団体のすべての事項について一応国の介入は認められるが、その場合にも地方自治の本質を侵すことができないと理解すべきかという大きな問題になって現れてくる。

塩野宏教授は、憲法上地方公共団体の地位がいかなる範囲まで国家権力に対する関係で保護されるかという点について、「第一は、その範囲の確定を国の法律に委ねる方式」である「法律決定システム」、「第二は、地方公共団体の事務の一定事項については国家法の介入を認めない、という方式」である「事項的保護システム」、「第三に、一応すべての事項について、国家法の介入を認めるが、その場合においても、地方自治の本質を侵害してはならない、とするもの」である「内容的保護システム」という三つの態様に分類される。その上で、日本国憲法の下では、その施行当時から、現在に至るまで、立法実務は、「内容的保護システム」に依拠していると解され、それはドイツ的な制度保障理論によって説明することができるが、実務においては地方公共団体のあらゆる分野に国家法が及び得る、というわが国の明治憲法以来の伝統によったものといえると分析する。さらに、憲法九二条の「地方自治の本旨に基づく」と「法律で…定める」は、それ自体対立概念でもあるとされ、「九二条関係で想定される法律とは、一つは、事務配分に関する定めのような当然存在しなければならないものであって、しかも、それが、地方自治の本旨に基づく形で制定されるというのが憲法の趣旨…いま一つ、地方公共団体の内部組織について、地方自治の本旨を実現する意味から必要とされる基本的枠組みを示すことも、憲法でいう地方自治の本旨に基づいた法律ということもできよう」とする（塩野宏「国と地方公共団体」有斐閣、二二頁以下）。

国家法があらゆる分野に及び、法律で地方自治の本質を侵すことができないと解するだけでは、地方自治の保障としては不十分であり、その法律は、地方自治を保障するという積極的な内容を持つものでなければならないとするのであろう。

憲法上の地方自治保障の性質は、「制度的保障説」が通説的地位を占めてきたといえる（成田頼明

「地方自治の保障」『日本国憲法体系5』、清宮『憲法Ⅰ』八〇頁、佐藤功『日本国憲法概説』〈全訂第四版〉五〇二頁、佐藤幸治「憲法」〈第三版〉二六七頁など)。

制度的保障説によるとしても、憲法九二条の趣旨は、地方自治を制度的に保障し、法律で積極的にその内容を規定することであって、地方自治について法律で定める場合に地方自治の本旨を侵すことができないという消極的な意味に解すべきでないと考えることが適当であろう。

しかし、このように憲法九二条に積極的な意味を持たせたとしても、地方自治制度としてどのような制度を想定し、それを保障したのか、その本質や核心は何ら明らかにされていない。地方自治を全く認めないものは不可能であるとしても、地方自治の本質さえ侵さなければ、法律で自由にその内容を規定できるとして解釈され、何ら制約としての機能を果たさないことになってしまうおそれもないとはいえない。

地方自治制度の本質的な内容はいかなるものかについて、もっと憲法的視点に立ち返って問題にされなければならないであろう。冒頭の予算委員会のやり取りについても、こうした問題意識を持って読み返してもらいたい。

江戸時代の幕藩体制

憲法上の地方自治の本質の検討として、まず、日本国憲法の制定前の我が国における地方自治について概観してみる。

日本における地方自治を歴史的に見るには、江戸時代の幕藩体制から考察することが必要であろう。江戸時代の統治の体制は、幕府と各藩による幕藩体制であった。各藩は、領地を持ち、その土地と人民の支配権が与えられていた。各藩における行政は、中央である幕府からの援助もない代わりに、干渉もなく、それぞれの藩が独自に行政を行っていた。各藩の行政は独立しており、連邦国家に近いものと考えることができる。各藩には、城下町や村などのその住民が生活共同体として組織した町、村があったが、これも各藩のそれぞれの状況に応じたものであり、一様のものではなかった。

これらの江戸時代の幕藩体制は、各藩ごとの独立した行政であったが、藩の人民は領主のものとされており、厳しい身分制度が設けられ、住民の意思が反映される政治が行われたわけではない。封建社会の体制であり、江戸時代の統治の体制は、地方自治としてではなく、地方自治の考え方が生まれる前のものとして理解しておかなければならない。

明治時代の地方制度

こうした幕藩体制は、強力な統一国家の形成を目的として変革していった。明治維新では版籍奉還が行われ、各藩が支配していた領地と人民を天皇に返上させた。「廃藩置県」の詔書が発せられ、東京、京都、大阪を府として知事を置き、それ以外の地域については七二の県に区分し県令を置くこととされた。

これらの府知事、県令はいずれも中央政府が任命するものであり、府県は国の統治機構の一部分として組み込まれたのである。版籍奉還、廃藩置県という制度改革は、外国との交流の要求やアメリカ、イギリス、フランス、オランダなどとの戦力などに日本が対抗するためには、強力な中央集権国家が必要だとの考えによるものであり、それまでの封建体制を打ち破り、強力な統一国家を作り、中央政府の政治を地方に浸透させ、日本の近代化を進めようとするものであった。

明治憲法の起草のための調査が伊藤博文を中心にして進められた。その調査の中には地方制度の事も内容とされており、地方制度の調査の責任者であった山形有朋は、憲法の制定に先立って地方自治制度を整備すべきであるとしたが、伊藤たちは、国家の基本を定める憲法を先に制定し、地方自治制度はその精神に基づいて定められるべきであるとした。

しかし、ドイツ人の法律顧問のモッセは、地方自治制度を整備しないで憲法を定めることはできないとして強く警告した。そして町村法を定めるだけではなく、地方制度全般を国の制度との関係において総合的に考えるべきだと進言した。こうして明治憲法に先立ち、一八八八（明治二一）年に法律第一号として市制町村制が公布されることとなった。

その内容は次のようなものであった。

市及び町村を基礎的な地方団体として選挙による議員で組織する議決機関としての市会、町村会を設けるとともに、執行機関としては、市には市会の推薦する候補者のうちから内務大臣が選任する市長、市会が選挙し府県知事が認可して選ばれる助役を含む合議制の参事会を設け、町村については町村会が選挙し府県知事が認可して選ばれる町村長を置くこととされている。

その公布の上諭は次のようなものであった。

「朕地方共同ノ利益ヲ発達セシメ衆庶巨民ノ幸福ヲ増進スルコトヲ欲シ隣保団結ノ旧慣ヲ尊重シテ益々之ヲ拡張シ更ニ法律ヲ以テ都市及町村ノ権義ヲ保護スルノ必要ヲ認メ茲ニ市制及町村制ヲ裁可シテ之ヲ公布セシム」

山県有朋内務大臣は、府知事、県令といった地方長官を集め、元老院を通過した市制町村制案の説明を行っており、そこでは次のような説明がなされている。

「今、市制町村制ヲ設クルハ地方ノ自治及分権ノ主義ヲ実行スルニ在リ。自治分権ノ法ヲ施スハ即チ立憲ノ制ニ於テ国家ノ基礎ヲ鞏固ニスル所以ノモノナリ。蓋町村ハ自然ノ部落ニ成立シ、百端ノ政治悉ク町村ノ事務ニ係ラサルモノナシ。今ヤ中央政府ノ制度ヲ整理スルニ方リ、之ニ先テ地方自治ノ制ヲ立テントスルハ目下ノ急務ナリ。地方ノ制度整備セスシテ独先中央ノ組織ヲ完備センコトヲ求ムルハ決シテ順序ヲ得タルモノニ非サルナリ。故ニ国家ノ基礎ヲ鞏固ニセント欲セハ必先町村自治ノ組織ヲ立テサルヲ得ス。之ヲ喩ヘハ町村ハ基礎ニシテ国家ハ猶家屋ノ如シ。基礎鞏固ナラス家屋独能ク堅牢ナルノ理アル可カラス。且今憲法ヲ制定セラレ国会ヲ開設セラルモ僅々一両年ヲ出テサルノ秋ニ方リタレハ、益々地方制度ノ確立ハ一日モ猶予ス可カラサルヲ見ルナリ。退テ今日地方行政ノ有様ヲ見ルニ、十一年府県会規則ヲ定メ、十三年区町村会法ヲ設ケ、尋テ十七年ニ至テ戸長所轄区域ヲ改正シ、爾来地方ノ政務漸ク諸ニ就クモノアリト雖モ、此法律ノ精神タル単ニ経済ヲ整理シ、官政事務ノ整備ヲ専ラトスルニ過キス。然ルニ本案市制町村制ニ至テハ地方ノ自治ヲ許シ分権ノ制ヲ立ツル所ニシテ、全ク前述ノ法令ト其旨趣ヲ異ニセリ。意フニ本邦古来自治ノ慣習ナキニ非サルモ、今ノ時ニ及テ完全ナル制度ヲ施シテ以テ愈自治ノ精神ヲ養成シ国家ノ行政ト地方共同ノ事務ト共ニ其全キヲ得ンコトヲ期セサル可カラス」（橋本勇『地方自治のあゆみ』四五頁）

明治維新の当初の強力な中央集権の行政システムの確立を目的として版籍奉還、廃藩置県が行われたが、市制町村制はこれとは異なったものであり、地方自治と地方分権を実現するものであるとしている。中央の組織を整備するには、まず地方の制度の整備を行うことが必要であるとし、町村が基礎であり、国家はその上に立つ家屋としていることが注目される。

そこには国の行政を行うためのシステムということではなく、市町村の成立は自然の部落によるものであり、すべての政治は市町村との関わりを持つとしている。封建社会から明治への変革期において、このような地方自治についての考え方が示されていたことは注目すべきことである。

しかし、こうした山県の考え方には、中央集権の確立という本音を唱える立場からの抵抗が大きく、その後、山県は府県についても完全な自治体として整備すべきとして府県制を提案するが、閣内の井上毅法制局長官らの強い反対にあい、結局、府県は国の行政区画とし、その執行機関は国の行政官庁である府県知事及び郡長とする考え方が取られることとなる。

当時の新聞は、この経過を次のように伝えている。

「予て待ち設けたる府県郡制は去る十七日を以て発布せられたり。受けて之を一読するに余りに待ち甲斐もなきものなりき。早く申さば従来の府県会規則に比すれば稍や備はる所あるが如し。然れども之を以て直ちに府県郡自治の制度を立てたるものと云ふべからざるなり。……一昨年の末……山県内務大臣は此案を内閣に呈出し元老院に送附せしに元老院は既に一方に於ては市町村の自治制度を布きながら、翻て府県の自治尚お早しと論じ、容易に同院を経過すべくも見えざりき。是に於てか内閣も亦少しく案を変じ、一たび下したる案を引き下げ、再び修正を為して之を院議に附すべきことを約したり。故に内務大臣は其可決を見ること能はずして欧米巡回の途に上ぼられぬ。……斯くて内務大臣不在中に全く前案を破壊し、其自治の精神を撲滅して、自治制にもあらず中央集権制にもあらざる曖昧なる案を制して、又之を元老院に提出したりければ、同院は既に新案の自治の精神を失ひたるを喜び、其勝を制したるを快とし、直ちに之を可決し以て上奏するに至りぬ。是れぞ則ち今回発布に至りたる府県郡制制定の由来なりとす。凡そ右に述ぶる所の由来に拠れば、新府県郡制は決して完全なる自治の制度に非るを知るべく、府県郡は依然たる行政区画にして自治の団体に非るを知るべし。市町村は既に自治団体として其上に位する府県郡と然らざるは、其釣合を得ざる不具の制度たるは吾曹が甚だ惜む所なり。然りと雖ども新制は旧制に勝る。万々能く其機関を運転する時は人民の幸福に妨あらざるべし。希くは府県郡の当局能く其運用を謀り、他日完全なる自治団体を組織するの時機を促されよ。吾曹は予め一言して将来に期する所あらんのみ」（一八九〇（明治二三）年五月二三日東京日日新聞）（橋本前掲六三頁）。

市制町村制についても地方自治と地方分権の実現を目的として行われたが、自治体の事務は基本的には政府の委任によるものとの考え方も示されおり、中央政府の事務を地方に分担させ、それを地方に処理させることをもって地方自治と考えていたと見ることもできる。このことは、元老院における市制町村制の審議の際の内閣委員の次の発言によく現れている。

「自治ト云ヒ分権ト云フモ、敢テ放任ノ主意ニ非ス。別ニ又監督法ヲ設ケ、其監督庁ヲシテ町村行政ノ法律命令ニ背戻スル無キヤ、又事務錯乱渋滞セサルヤ否ヲ監セシメ、又行政事務ニ関シ報告ヲナサシメ、或ル場合ニハ臨時代理者ヲ選任シ、町村長及助役ノ職務ヲ掌ラシムルコト在リ。是レ皆事ヲ鄭重ニシ自治分権ノ制ヲ立ツルモ敢テ其弊患ヲ被ラス、今日ノ情勢ニ照シ至極適当ノ所ニ置クヲ要スルヲ以テナリ。然カラサレハ自治分権ノ其名ノ美ナルモ遂ニ徒法ニ属セン」（橋本前掲二六頁）。

こうして日本では初めての体系的な地方制度が定められたが、山県が提案したその内容は、ドイツプロイセンの影響を強く受けたものである。

ドイツ、フランスなどのヨーロッパ大陸では、国王による国家統一が比較的早くから行われていたこともあり、統一国家の統治組織として地方制度が成立し、発達していった。地方団体は、国家統治の機構の一部として国家により創設されたものということができる。地方団体の長は、国家の機関としての性格も有し、その選任についても直接、間接に国が関与することが必要と考えられている。国家、県、市町村がピラミッド構造に構成され、国家は県に、県は市町村にそれぞれ指揮監督権を持っている。

明治時代の地方自治は、こうしたドイツの考え方を基にして一定の範囲で自治行政権を認める地方自治制度を採用し、実質的には中央集権体制を確立をしようとするものということができるのである。明治憲法には、地方自治に関する規定は設けられていない。その理由として地方制度関係規定が憲政不可欠の内容事項と考えられなかったことと、府県制についての考えがまとまらなかったことがあげられているが、そこには憲法上の理念として地方自治を規定することについての中央集権体制の確立の考え方からの抵抗を読み取ることもできる。

日本国憲法草案

第二次世界大戦後、マッカーサーは明治憲法の改正を示唆した。これを受けて多くの明治憲法改正草案が考えられたが、佐々木惣一博士の草案を除けば、地方自治についての規定の必要性を唱えるものはなかった。こうした状況は、当時の状況が地方自治についての関心が薄く、中央集権の観念が国民の間にも深く浸透していたことを窺い知ることができる。

連合国軍総司令部（ＧＨＱ）は、日本国民の中に地方自治に対する問題意識が大変低いことに大きな驚きを感じたとされる。そして、ＧＨＱから日本国政府に示された「日本国憲法草案」には、次のような条文が含まれていた。

「地方行政の章についての運営委員会の会合」という総司令部民政局行政部の記録には、「地方行政の最終案は、対立する2つの見解、地方自治（ホームルール）を強く主張するラウエル中佐によって代表される見解と、中央による統治に同情的なケイディス大佐によって代表される見解との、妥協の産物である」と記されている（訳は高柳・大友・田中『日本国憲法制定の過程Ⅰ』による）。ＧＨＱの検討においてもこの両者の考え方があったことは興味深い。

「第八章　地方行政

第八六条　都道府県知事、市長、町長、その他下位の政治体で法人となつており、課税権を有するもののすべての首長、都道府県および市町村の議会の議員並びに都道府県および市町村その他の吏員のうち国会の定めるものは、それぞれ自治体内において直接選挙によつて選ばれる

第八七条　都、市および町の住民は、自らの〔地方公共団体の〕財産、事務および行政を処理する権利並びに国会の制定する法律の範囲内において、自らの基本法を定める権利を奪わるることはない

第八八条　一般法を適用できる都、市または町に適用される地方的または特別の法律は、その地方自

治体の有権者の過半数の同意を条件とするのでなければ、国会はこれを制定してはならない」（訳は高柳・大友・田中「日本国憲法制定の過程Ⅰ」による）。

ＧＨＱ草案について日本国政府は、府県知事の直接公選制に反対し、議会による間接選挙とすべく働きかけたが、実現せず、日本国政府からは次のような「憲法改正草案要綱」が発表された。

第八章　地方自治

第八八条　地方公共団体ノ組織管理及運営ニ関スル事項ハ地方自治ノ本旨ニ基キ法律ヲ以テ之ヲ定ムベキコト

第八九条　地方公共団体ニハ法律ノ定ムル所ニ依リ其ノ議事機関トシテ議会ヲ設クベキコト

地方公共団体ノ長、其ノ議会ノ議員及法律ノ定ムル其ノ他ノ吏員ハ当該地方公共団体ノ住民ニ於テ直接之ヲ選挙スベキコト

第九〇条　地方公共団体ハ其ノ財産ヲ管理シ、行政ヲ執行シ及事務ヲ処理スルノ権能ヲ有シ、且法律ノ範囲内ニ於テ条例ヲ制定スルコトヲ得ベキコト

第九一条　一ノ地方公共団体ノミニ適用アル特別法ハ法律ノ定ムル所ニ依リ当該地方公共団体ノ住民多数ノ承認ヲ得ルニ非ザレバ国会之ヲ制定スルコトヲ得ザルコト

この八八条は、日本国憲法の九二条に相当する規定であるが、ＧＨＱ草案にはなかった規定である。日本政府側での検討で総則的な規定を設けた方がよいということで置かれた条文であるが、「地方自

治の本旨」という表現は、日本側の発案であったといわれている。

連合軍の占領下の国家体制の改革には、アメリカの影響が強く及んだ。地方自治についてもこれまでのドイツに習った考え方から、アメリカの諸制度の考え方を取り入れたものに大きく変革していった。

しかし、アメリカは、ヨーロッパ諸国と異なり、封建制の国家体制を全く経ずに、移民によってまず地域の共同体ができ国家に発展していった。こうした建国の歴史は、国家体制として完全な三権分立の制度を設けている。国民が直接選任する国家を代表する大統領に行政を行わせることとした。また、アメリカは複数の国家からなる連邦国家であり、各単位となっている州は、連邦政府と同様の統治制度を持っている。

アメリカの市町村といった地方の制度においては、住民の意思を反映させるための機関として議会があり、議会は政策も決定し、執行もするという形をとっている。州と市町村の関係は、ドイツのような上下関係と指揮監督権という関係はなく、市町村は、州とは別個の独自の行政を行うものであり、その関係は権限分担という関係があるだけである。

アメリカの地方自治の考え方はこうした国家が形成されていく過程を背景にして生まれてきたものであり、江戸時代の藩ごとの封建体制から強力な中央集権体制を確立し国家統一を図ってきた日本の状況にそれをそのまま導入することとしても定着するものではないのではないかとも考えられる。

日本の変革期において、これまでのドイツ、大陸型の考え方とアメリカの考え方がどのように取り入れられたのかを検証し、日本国憲法の定める地方自治の考え方を理解しておくことが必要であろう。

日本国憲法制定時の議論

日本国憲法の制定についての議論において、地方自治についても興味深い議論が数多くなされている。

まず、「地方自治の本旨」についてであるが、一九四六年七月九日の衆議院委員会で次のようなやりとりがなされている。質問者は、竹谷源太郎（無所属クラブ）、答弁は、国務相・金森徳次郎、内相・大村清一である。

竹谷　「地方自治の本旨と云うものの内容を伺いたい」

金森　「地方自治と云うものは、独立して一国家を成すものではありませぬ。全体の国家の中にあって、その然るべき部分を占むるものでありまするが故に、国家的なる関係を離るることも出来ない。その意味で、詰り全体の中の一部分である。而も一部分ではあるけれども、全部的に屈従するものではないと云うことが地方自治の基本的な考え方であります。それに着想して全ての制度を設けなければならぬことと考えて居ります」。

竹谷　「地方自治の行き方が、従来日本は欧州大陸風な行き方の線に沿って居ったと思います。政党政治と云うものが発達を致して参りました場合、この弊害を除去する一つの方策として、この地方自治団体と云うものの執行機関をして、国その地方に於ける行政も掌らせるようにする。所謂英国風と云いますか、そう云う風に持っていく方が、国全体の民主政治を弊害のない健全なものに発達させる為に宜いのではないか。斯う思うのでありますが、今度提案された地方制度改正案は従来のようにやはり中央集権的な基礎の下の地方自治であって、地方の国家行政は民主的にその地方に於て選出されたる知事、市町村長をして執行せしむると云う風には行って居ないと思いますが、……政府が地方自治のその二つ行き方の何れを将来採らんとするか」。

大村　「我が国の国情に合う自治制度の発展と云うものは如何にあるべきかと云う点に付きましては、アメリカの制度、或いは欧州大陸の制度、イギリスの制度、それらの点を参酌致しまして考慮を加えたのでありまするが、併し今日得て居りまする案から見ますると、アメリカの自治制度の或る部分の条項と同一のものを採用した点も少なからずある次第であります。大体の基本方針はそのようでございまするが、併しこの自治の運行に付きましては、基本的なる面に於きましては地方団体の住民の意思に依って自主的にこれが運営されると云う所に着眼致しまして、地方自治団体の長の如きは、……直接公選にする。併しアメリカに於きまして曾て前例もございましたような、余りにそこに地方政党の力が自治に浸潤すると云うことは、自治行政の発展の上に於きまして、障碍がありますので、政策を決定する部面に於きましての民主主義化と申しますか自治化と云う点に於きましては徹底をさせますが、併し決定せられたる政策を実行に移すと云う面に於きましては、これは効率ある、又人民の信頼の出来る一つの吏僚制度と申しますか、所謂メリット・システムを確立すると云うことが、アメリカに於きまして非常にはっきりした前例があることであります」。

貴族院の九月二五日の委員会では、平塚広義（研究会）議員の「地方自治の本旨とは」という質問に対して国務相・金森徳次郎は次のように答えている。

金森　「国家と云うものと無関係に於てこの自治を考うることは出来ぬ……、自己の区域内に於きまして、又自己の支配する人の範囲に於きましては十分なる自治を認めて、国家から故なく干渉されるべきではない……、その中に住んで居ります所の人間の個性を尊重して、そのものの自主的なる政治行動と云うことを眼目としなければならぬ……、これらの総てのことを総合致しまして地方自治の本旨と云うことに指導原理を明かに致しまして、国家が法律を作って、如何様にも公共団体の組織運営に関する事項を決められるような姿ではあるけれども、ここに謂う指導原理に基かなければならぬと云うことを明かに致しました訳であります」。

また、貴族院の九月二五日の委員会で佐々木惣一（無所属）を相手に次のようなやり取りがある。

佐々木　「例えば法律を作りまして、地方自治制度と云うものは止めてしまうことは出来るのでありますか。法律にすればそれでも出来るのであるが、地方自治と云うものは必ず存在せしめて行かなければならぬと云う趣旨であるか」。

金森　「それは解釈論と政治論とは恐らく正反対の結果になりますけれども、解釈論だけとしては、御説のようなことにも論理的になると考えて居ります」。

佐々木　「西洋では地方団体と云うものは国家前にあったと考えられて居るのです。…国家が認めてそう云う地方行政を成す団体が出来たという観念を採って居なかった。今は採って居ると思いますけれども。我が国に於きましては国家が地方団体というもの、地方自治と云うものを認めると云う建前を今日に於て採って居りますが、そういう趣旨ではなしに、国家の意思と云うものと無関係に地方団体、地方行政と云うものが存立の基礎を持って居るかと云うことを、ただ御尋ねしたのでありますが、兎に角国家と云うものが認めるから存立して居ると云う建前でありますね」。

金森　「左様でございます。」

佐々木　「例えば東京なら東京に於ける行政は、国家が直接に行政をして国民の為に、東京市民の為に良い行政をやらなければなりませぬけれども、併しながら考えて見ると、東京市民自体が行政をやる方が却って国家の目的に適うと云うような建前で、東京市民の団体として東京都と云うものを認めて居ると、斯う云う風に理解して宜しゅうございましょうか」。

金森　「この憲法の建前は、個人を尊重すると云う原理があれば、同時に又、個人が自然的に固まる気持がありまして、それが団体を作って来ると云うことも亦前提としなければならぬ訳でありま す。そう云うものを導きつつ発達させて、国の組織の完備を期すると云うことが狙い所である訳であります。併しそれは実体でありまして、現実に法律的なる範囲に持って来れば、法律としては、法律で認めるから国法上の自治体が出来るのだ、斯う云う解釈を執って居る」。

佐々木 「詰り、往々外国に見るが如く、地方団体に対しましては国家は自己の力を全然抛棄すると云う訳に行かないし、又アメリカに於ける個々のステートと合衆国と云う訳に行かぬ訳ですね。国家が終始利害関係を持って居る訳ですから。……同一の地域に於ても国家だけは何と申しますか、留保して置くべき行政とそれからして地方団体にもやらす、又は国家もやれると云うような、そう云う行政との自らまあ種類が出て来ると、これから法律で段々と定めて来る訳でございましょうかそれを」。

金森 「左様に考えております。」

これまでの地方自治についての考え方が、日本国憲法によってどのように変わるのかという点については、次のような国務相・金森徳次郎の答弁が見られる。

貴族院の九月二五日の委員会で松平親義（研究会）議員の質問に次のように答えている。

金森 「この憲法は、従来の憲法と違って、地方公共団体に特別なる性質を与えて居るかと申しますと、これは法の上に於きましては、何等特別なる性格を与えて居る訳ではなかろうと思います。今迄と同じように、国の一部分として公共団体を規定して居ると考えうるのであります。併しながらこの着眼の仕方が先に個人に付て申し上げましたと同じように、公共団体に付きましても、本来の伸びる方面があってそれは国家と雖も、濫りに侵すべきものではないと云う面のあることを心の中に入れて置きながら、公共団体の規定をして居るのではなかろうかと云う風に考えまして、それが非常に婉曲なものでありまして、はっきりしたことを申し上げられませぬが、私は左様にこれを解して居るのであります」。

また、日本国憲法の地方自治の本質について同じ委員会で平塚広義（研究会）議員の質問に答えて次のように述べている。

金森「この憲法自身の建前が、従来のこの国家中心と云うことに非常に重点を置きましたのと違いまして、個人の尊重と云う所に相当の重点を置いて居ります。それと同じような考えが国家尊重と云う所に置いて居った重点を、今度は地方公共団体の独立的存在を尊重すると云う所に相当の重きを置いて居りまして、勿論その割合は計算出来ませぬけれども、斯様な考えに基いてある訳であります。従来の考えに於きまして、地方自治と云うものは、結局国家事務を地方に分けて参って居るに過ぎない。その形が自らやるように見えるけれども、要するに国家の事務をするのだ、斯う云う風に多くの見解が行って居った様に思いまするけれども、必ずしもそうでないのではなかろうか。個性の尊重が尊ばるるならば、同時に地方自治団体と称する一種特別なる存在の個性と云うものも尊重せらるべきである。それ等の力或は存在を合計致しましたものが国家になる訳ではなくて、地方公共団体の働きを合計致しますれば、それは国家の働きよりも余計なものになるべき筋のものではなかろうかと云う考えが一つの基本として生れて来るのでありまして、憲法がそこ迄触れて居る訳でも何でもございませぬが、……この憲法はこれに大きな指導原理を示さなければならない。斯う云う風に考えを置いた訳であります。」

日本国憲法における地方自治

日本国憲法には、初めて地方自治の一章が設けられたが、その地方自治についての考え方について「西洋においては地方団体は国家前に存在した」、「地方団体に対しましては国家は自己の力を全然抛棄する」などとの言葉があるように、国家と別個の固有の基本権を有するのか、国家が承認する限りにおいて認められるのかということが議論されている。

この点については、解釈論としては「法律を作りまして、地方自治を止めてしまうことは出来る」と答弁されたり、「兎に角国家が認めるから存立していると云う建前」、あるいは「国家が法律を作って、如何様にも公共団体の組織運営に関する事項を決められるような姿ではあるけれども、ここに謂う指導原理に基かなければならぬ」などと答弁されており、個人の尊重、民主主義の徹底という観点から地方自治を保障するものであるが、国家との関係においては、国家と独立して無関係に地方自治が存在するものではなく、国家が認めた範囲内において、国益に反しない限りにおいて地方自治が認められるというように考えていることが分かる。

これまでのドイツ大陸型の考え方をアメリカ型を基本として、地方自治を保障し地方政治の民主化を徹底しようとしているが、国家の影響を排除することなく、国家と地方公共団体との関係は、上下の関係として調整していくという基本的な姿勢を感ずることができる。

最高裁は、憲法に地方自治の規定を設けている趣旨について「憲法が特に一章を設けて地方自治を保障するにいたった所以のものは、新憲法の基調とする政治民主化の一環として、住民の日常生活に密接な関係をもつ公共的事務は、その地方の住民の手でその住民の団体が主体となって処理する政治形態を保障せんとする趣旨に出たものである。」と判示し、憲法九三条の地方公共団体については「単に法律で地方公共団体として取り扱われているということだけでは足りず、事実上住民が経済的、文化的に密接な共同生活を営み、共同体意識をもっているという社会的基盤が存在し、沿革的にみても、また現実の行政の上においても相当程度の自主立法権、自主行政権、自主財政権等地方自治の基本的機能を付与された地域団体であることを必要とする」と判示している（一九六三（昭和三八）年三月二七日刑集一七巻二号）。

新憲法が施行され、地方自治法が制定され、①知事、市町村長の直接公選制が実現した、②知事および府県の職員は公吏とされた、③二〇歳以上の普通選挙制度が実現した、④条例制定、長や議員等の解職、議会の解散、監査請求等について直接請求の制度が制定された、といった改革が行われた。こうした地方自治の改革を実現するに際して、これまでの体制を実質的に維持するしくみとして、機関委任事務制度を知事に適用し知事が執行する際の主務大臣の指揮監督権を明記するとともに、地方事務官の制度も創設した。知事及び府県の職員を公吏とすることについては内務省内には強い反対があり、何とか中央政府と地方団体との上下、主従の関係を維持しようとしていたことが伺える。

シャウプ勧告

マッカーサーは、一九四九（昭和二四）年にシャウプ使節団を招聘し、戦後日本の財政制度について、研究させ、税制改正の勧告案を提出させた。シャウプ勧告である。

シャウプ使節団は、地方自治についても触れ、地方の自治と責任を強化する既定政策に対し、財政面から支援を与えることについても勧告案に盛り込みたいとして作業に取り組み、シャウプ勧告の総則には次のように記述されている。

「われわれの改革案は二つの事実から出発している。第一は地方自治ということは、占領軍および日本政府の究極目的の一つとして宣言されている事実である。第二に、現在のところ、地方自治はきわめて未熟な段階にあり、地方団体の財政力を強化し、これとともに、富裕地方と貧困地方間の財政力を更に均等化することなくしては、地方自治の完成を望むことはきわめて困難である、という事実である」。

また、国と地方団体、地方団体相互間の事務の配分について現在、三段階の統治機関に対する事務配分は複雑で、地方的責任にとって有害だとし、①行政機関のどの単位に責任があるか知るのは難しい、②支払った税金がどのような有益、貴重な行政に使われたか理解するのが不可能、③中央政府の市町村に対する関与が余りにも多すぎ、地方自治が損なわれている、地方団体の独立の事務として移譲されたものについても、国の事務の代行だからとして直接の補助金や国の統制が必要であるという態度が広く行われている、④特定の事務が有効、能率的でない行政単位に割り当てられている、という問題点を指摘している。

そして、内閣に勧告権限を持つ特別委員会で事務の再配分を行うことを求め、その場合に次の一般原則に立っていなければならないとしている。

「1　能う限りまたは実行できる限り、三段階の行政機関の事務は明確に区分して、一段階の行政機関には一つの特定の事務がもっぱら割り当てらるべきである。そうしたならば、その段階の行政機関は、その事務を遂行し且つ一般的財源によつてこれをまかなうことについて全責任を負うことになるであろう。

2　それぞれの事務は、それを能率的に遂行するために、その規模、能力及び財源によつて準備の整つているいずれかの段階の行政機関に割り当てられるであろう。

3　地方自治のためにそれぞれの事務は、適当な最低段階の行政機関に与えられるであろう。市町村の適当に遂行できる事務は、都道府県又は国に与えられないという意味で、市町村には第一の優先権が与えられるであろう。第二には、都道府県に優先権が与えられ、中央政府は、地方の指揮下では有効に処理できない事務だけを引き受けることになるであろう」。

神戸委員会勧告

このシャウプ勧告の趣旨を尊重し具体化するために地方行政調査委員会いわゆる神戸委員会が設置され、事務の再配分の検討が行われ、一九五〇(昭和二五)年に国会と内閣に対し勧告が行われた。この神戸委員会の勧告は、当時は、中央省庁の猛反発にあい、政治的にも取り上げられることはなかったが、その内容は、現在でもほとんどそのまま通用するものであった。

国と地方公共団体との基本的関係については、①市町村又は府県の責任とされた事務については、市町村又は府県は、それを遂行し且つ自らの財源によつてこれをまかなうことについて全責任を負うべきであつて、国は、従前のようにその成否について後見的な配慮や懸念をなすべきではない。監督権を行使する必要もない。②国が情報の公開、援助、助言、勧告を与えたり、著しい不均衡の調整や最低水準の確保を図る場合も好意ある援助又はサービスであって、権力的な監督であってはならない。③国の責任とされた事務の地方公共団体への委任は必要やむをえない最小限度にとどめ、国がその経費の全額を負担する――などとされている。

地方公共団体に対する国の関与についても、①当該地方公共団体又はその住民のみに関係があり、国家的影響も少ない事務については、国は、原則として、関与すべきではない。法律によって基準を定め又は処理を義務づけることはもとより、非権力的な関与をすることもできないものとすべきである。②国の関与の方法も許可、認可、承認、命令、取消、変更、代執行等の権力的な監督は、原則として、廃止すべきである——としている。

このような内容の勧告がなされたが、朝鮮戦争の勃発、中国大陸での共産主義勢力の拡大などの国際情勢の変化もあり、アメリカの対日政策に変更があったことなどから、その内容はまったく実現されることはなかった。当時の日本の状況がこのような地方自治の尊重という考え方を選択せず、むしろ警察法の全面改正や教育委員会公選制度の廃止という中央集権化への転換がなされていることに注目しなければならない。

まとめ

明治時代の地方自治が最初に検討された時から、現在に至るまで、地方自治の確立が議論される度に、ほぼ同様の論点から地方自治を推進する考え方と中央集権体制の維持を図る考え方が対立してきた。

これまでの改革の議論では、地方自治の基本的な考え方としては国家と地方を上下・主従の関係に置き、その中でその当時の日本の状況が許す限りにおいて自治体の決定の自由度を持たせるように国の関与を縮減させてきたといえるのではないか。

地方公共団体のあらゆる分野に国家法が及びうるという明治憲法以来の考え方の中において、国家が定める地方自治の制度的保障としてどの程度のものを認めるのかという議論であった。そしてその議論では、国家法が否定されるのは地方自治の本旨に反する場合だとしても、それは結局、地方自治をまったく認めないような極端な場合がその許容限度となると考えることも可能であった。

冒頭に引用した地方分権推進委員会の中間報告は、明治以来の中央集権型行政システムを改革し、国と地方の関係を対等・協力の関係にするといっているが、これまでの地方自治についての基本的な考え方を変革しようとするものと理解すべきなのであろうか。冒頭の予算委員会のやり取りから、憲法上の考え方の変化を読み取ることができるのであろうか。

憲法九二条の解釈として、国と地方の関係をどのようなものとして捉えるかということを考えておかなければならない。憲法九二条の規定する地方自治に関する制度的保障とは、単に法律を制定する場合に地方自治の本質的内容を侵害から擁護することと考えるのではなく、積極的に地方自治の制度的内容を法律で規定し、保障することと考えることが適当であろう。

こうした解釈は、地方自治の制度として何が保障されているのかということについて、国が法律を制定する場合の立法裁量に委ねているということを意味するものではない。憲法上の理念として確立した地方自治の考え方が存在し、それを国家法の立法により制度として保障するものでなければならないということが求められている。

しかし、これまでの地方自治の議論が示すように、我が国における地方自治は、国家がその内容をどのように決めるかという議論の中で考えられてきた。国家法の立法裁量の中で、地方自治についてどのような制度を仕組むかという問題とされ、国家の意思とは無関係には地方自治は存在しないという考え方であった。

憲法九二条が制度的に保障している地方自治の内容は国家法の制定以前に憲法上の理念として存在するものと考え、憲法上の理念としての地方自治の基本的な考え方が、国と地方の関係を上下・主従の関係から対等・協力の関係とすべきとして変革してきたことを受け、今回、それを国が地方分権推進の基本理念として立法により確認したのだと考えることができるのであれば極めて意義の深いものであろう。

まとめ

我が国の明治時代における地方制度の創設は、江戸時代の封建体制から強力な中央集権国家体制を確立し、国家を統一し、その下で統治を行おうとしたものであり、そうして確立した制度が、中間報告でいう明治以来の中央集権型行政システムとしてこれまで継続してきた。歴史的伝統的に地方自治の形成の事実が先行した諸外国とは異なるものであることは十分認識しておかなければならない。

地方分権型行政システムへの変革を目指すとしても憲法上の国家法の介入できない地方自治の制約原理を明確にし、地方自治を確立することは簡単な問題ではない。地方自治の本質として憲法上どのようなものを望むのかまず、その基本的考え方を明確にし、制度の総てをその考え方を基盤として解釈し、運用していくことが重要である。そこでは、単にどこまで地方分権を推進できるのかという側面からのみの議論ではなく、地方分権を推進する理念を確立し、その必要性についての認識を明確にすることが必要であろう。

国が立法により地方分権推進の意向を打ち出せばその方向に改革が進んでいくというものではない。憲法上の理念としての地方自治が、いかなる内容のものとして存在するのかということは、国が検討すべきことではなく、むしろ社会において、特に地方において活発な議論が行われ、形成されていくものでなくてはならない。

そのためには、地方分権は地方分権を推進した場合の地方自治体の責任、地域住民の行政への参加の意義についてももっと十分認識され、議論されなければならないし、中央集権国家体制の優位な点についても検討されなければならない。こうした点を抜きにしては、結局は形式だけの手直しということになり、これまでの改革が示してきたように地方自治の本質には何らの変化が生まれないであろう。

地方分権は国家により与えられるものではなく、その担い手は、地方であることを十分認識し、それぞれの地方が独自の考え方で、新しい制度の中で推進された地方分権を最大限に活かした活動を行っていくことが、今、地方分権の確立の最大の方策として求められていることなのではないだろうか。

（浅野善治）

皇位継承ルール見直しを

狭まった皇族の範囲

二〇〇〇年から二一世紀に向けて、女性天皇を考える時代になるのではないだろうか。天皇は、わが国の文化であり、伝統であると筆者は思う。天皇・皇室が続いていくためには、より安定した皇位継承の方法が必要だ。その皇位継承のルールは、日本人がアイデンティティを問われるテーマである。あえて、問題提起をしてみたい。男子皇族しか天皇になれない、現在の法体系を女子皇族にも皇位が継承できるように見直してみたらどうか。

現皇室では、皇太子殿下の弟の秋篠宮殿下が一九六五（昭和四〇）年一一月三〇日にお生まれになって以降、二〇〇〇（平成一二）年一月までの時点で、約三五年間、女子皇族の誕生だけが続いた。男子皇族は誕生しなかった。

分かりやすく言えば、男子皇族にしか継承が認められない、その将来の跡取りが生まれないのである。

皇太子妃・雅子さまご懐妊のニュースは国民に期待を持たせたが、九九年一二月三〇日、宮内庁は流産と発表した。今後、元気なお子さまが誕生され、健やかに成長されることを国民の一人として祈りたい。

本稿は、単に男子皇族の継承者がいなくなるのではないか、という不安材料をとりたてて取り上げるのではない。男子皇族が誕生していないということは、ひとつの現実ではあるが、それはあくまで偶然の結果である。反面、皇位継承を「男子皇族誕生」という偶然に頼るということは、きわめて不安定なシステムであるということである。

今後、男子皇族が誕生されようが、女子皇族がお生まれになろうが、そのいかんを問わず、継承ルールを考え直す時期ではないか、という提案なのである。

それは時代の移り変わりのなかであまり意識されなくなった象徴天皇、そして皇室の在り方を考え直すという意味合いももっている。

狭まった皇族の範囲

明治時代にできた旧皇室典範では、男系男子の皇族に継承が限定された。それまでは女帝がいたし、養子も認められていた。終戦後に改正された現行皇室典範では、皇位継承は、庶子（正妻以外から生まれた子）には認めず、嫡男系の嫡出男子だけに限った。

一九四七（昭和二二）年一〇月には連合国軍総司令部（GHQ）の意向で、東久邇宮ら一一宮家五一人の皇族が臣籍降下、つまり皇族の身分を離れた。

皇族として残ったのは、昭和天皇の弟である秩父宮・高松宮・三笠宮の三宮家だけだった。皇族の範囲は狭まる一方だ。男系男子にだけ限っていては、これからも綱渡りの皇位継承を強いられることになる。

外国人に「日本の皇室は『one dynasty』だ」と説明すると例外なくびっくりする。いわゆる「万世一系」である。英国はじめ世界各国で王室をもつ国をみると、すべて王朝が代替わりしている。英国の場合、ノルマン王朝ではじまり、現在はウィンザー王朝である。この間、七王朝がはさまっている。

いまのエリザベス二世女王は、ウィンザー家の四代目として、一九五二年に即位した。夫はギリシア王室出身のエディンバラ公である。

神話・伝説の時代も含めて、一二五代の天皇が一系であるケースは、日本だけだ。だから、皇族には、山田とか佐藤とかいった姓がない。

ただし、ひとつの直系だけが皇位を継承してきたわけではない。歴史をたどると、例えば天智天皇の系列が途絶えれば、弟の天武天皇の子孫が引き継ぐといったように、かなり幅広い皇族の範囲のなかで継承がやりくりされてきた。まったくの遠系や傍系に継承が飛んだこともある。継承争いが政争にまで発展したこともあった。あるときは戦いになり、あるときは知恵を絞って継承を確保してきた

別表① 天皇ご一家と親族（系図） 平成12年１月31日現在

が皇族、白ヌキ数字は皇位継承順位、カッコ内は年齢

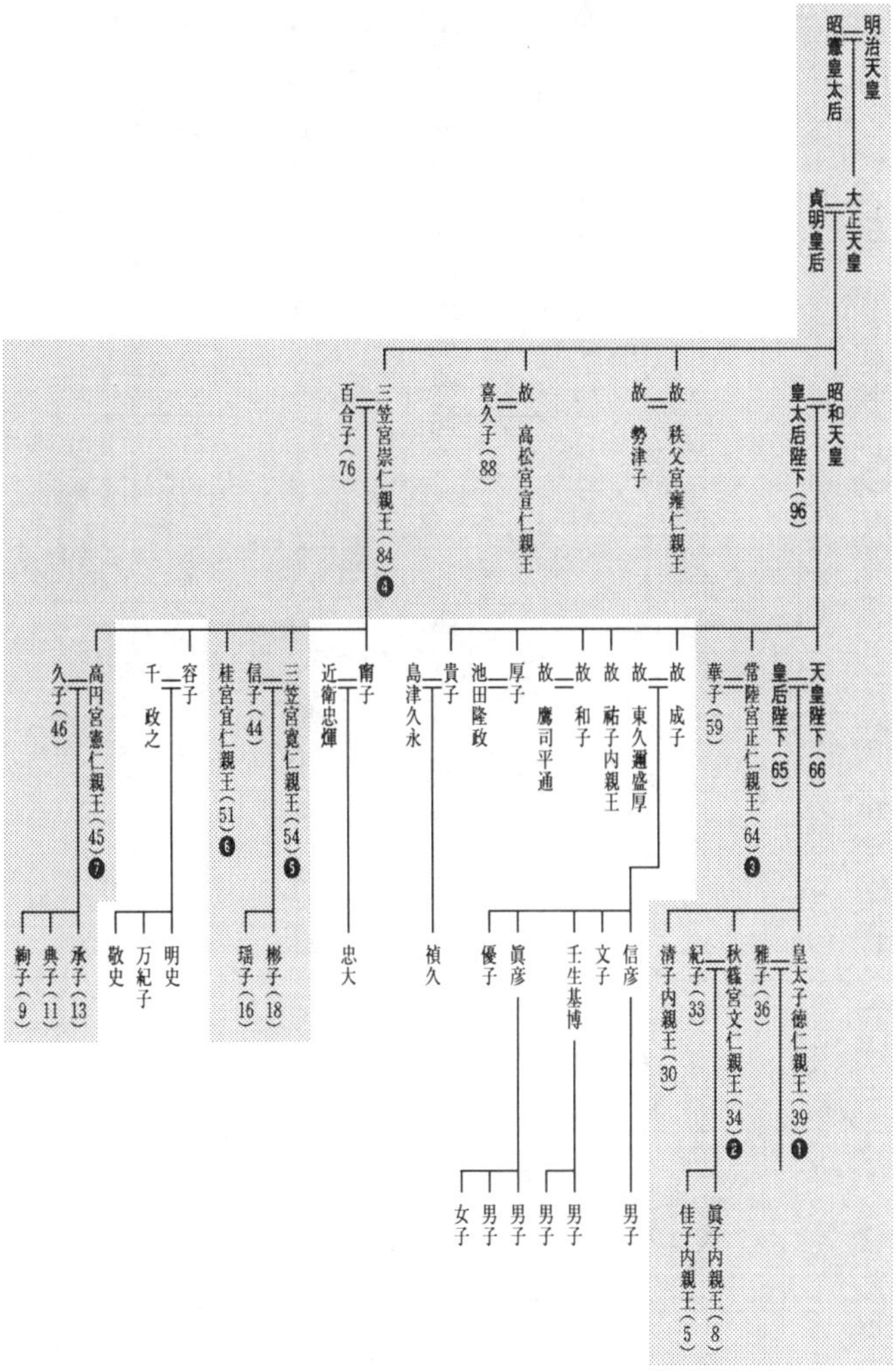

わけだ。

これから述べる「女性天皇」も、その「知恵」の一環である。

現在では「幅広い皇族」は望むべくもない。別表①を参照してほしい。

皇族は、天皇と三笠宮の系列だけで計二五人である。少ないとはいえないかもしれないが、決して多いとはいえない。

女子皇族にも皇位継承を認めるべきではないのか。男系男子の継承は、明治以降のルールにすぎないのである。

男子継承だけの皇室典範

二〇〇〇年の通常国会から、衆参両院に初の憲法調査会が設置された。改正の発議権はないが、現行憲法の問題点、論点は整理されるだろう。

憲法（Constitution）とは、国の枠組みを示すものでもある。「天皇」は、さまざまな意見はあろうが、国の基本法である現行憲法の首章・第一章に置かれている。これを議論せずに論点の整理はできまい。

現行憲法二条（皇位の継承）は、「皇位は世襲」で「皇室典範の定めるところにより、これを継承する」と規定している。皇位継承などを規定している法律・皇室典範第一条は、この憲法規定を受けて、「皇位は、皇統に属する男系の男子が、これを継承する」ときめている（傍線は筆者）。この憲法の「世襲」と皇室典範の「男系男子」は、重い意味を持ってくるので、よく記憶しておいてほしい。

現行の法体系では、女子皇族は天皇になれないのである。継承のルールを見直すということは、こうした法体系の手直し、改正が必要であるということだ。

筆者は、象徴という形で天皇、そして皇室が存続したほうがよいと考える。国民の大半が、天皇・皇室はもう不要と考えれば別だが、天皇が女性であっても、一向に構わないと思う。皇位継承権のある男子皇族がいなければ、女子皇族が即位すればよい。

法整備がないまま、万一、男子皇族がいなくなってしまったら、天皇・皇族は途絶えてしまう。「天皇制廃止」を願う勢力は、天皇家の自然消滅をひそかに期待しているかもしれない。そうなってからではもう遅い。

男子継承だけの皇室典範

わが国の歴史上、女帝は特別珍しいわけではない。別表②のように、わが国の女帝は、天皇一二五代中、過去八代一〇人を数える。「八人で一〇代」というのは、現代では考えられないが、二人の女帝が天皇位を退いたあと、再び天皇になったからである。これを重祚（ちょうそ又はじゅうそ）という。古代には、七―八世紀にかけて「女帝の世紀」といわれた時代もあったのである。

最後の女帝は、一八世紀後半、江戸時代の後桜町天皇だった。江戸時代までは適当な男子皇族が見

別表②　八代十人の女性天皇

33代・推古天皇	554—628。75歳。	☆在位・592—628
35代・皇極天皇		☆在位・642—645
37代・斉明天皇	（皇極天皇重祚） 594—661。68歳。	☆在位・655—661
41代・持統天皇	645—702。58歳。	☆在位・690—697
43代・元明天皇	661—721。61歳。	☆在位・707—715
44代・元正天皇	680—748。69歳。	☆在位・715—724
46代・孝謙天皇		☆在位・749—758
48代・称徳天皇	（孝謙天皇重祚） 718—770。53歳。	☆在位・764—770
109代・明正天皇	1623—1696。74歳。	☆在位・1630—1643
117代・後桜町天皇	1740—1813。74歳。	☆在位・1763—1770

（ブリタニカ国際大百科事典・歴代天皇一覧表から作成）

当たらない場合、女子皇族が皇位継承していたのである。その背景はさまざまで、その時代の政争や権力者の思惑が絡んでいたこともあった。

明治時代以降、女帝がいないのは、明治政府が、大日本帝国憲法（明治憲法）と同格の皇室典範という皇室独自のルールを作り、女子皇族の皇位継承を禁止したからだ。女帝については、容認、否定両派の間で大論争があった。この点については後に触れたい。

日本ベースだった典範改正

明治期に作られた旧皇室典範は、戦争直後、現行憲法制定と並行して改正され、国会で審議される一般の法律である皇室典範となった。その現行典範は、「女帝禁止」を旧典範から引き継いだ。国会審議でも女帝容認、否定論者の間で議論があった。その応酬の趣旨はいまでも同じである。

政府は一貫して「女帝はつなぎの存在であり、その後は必ず男系男子が皇位を継承してきた」と、その例外性を強調してきた。

わが国を占領した連合国軍総司令部（ＧＨＱ）は、憲法についてはマッカーサー（ＧＨＱ）草案を提示するなど、その要求、監視は厳しかったが、皇位継承や皇族の範囲などを規定する皇室典範については、思ったほど口出ししていない。

一九四六（昭和二一）年八月三〇日、法制局第一部長の井手成三がＧＨＱ・民政局のサイラス・ピークと会談した。ピークは過去に女系の天皇はいなかったことを認めたうえで、女帝については「女子皇族にも理論的には継承できることにして、実際には継承しないことにしたらどうか。また、（男子）皇族がいなくなった場合に継承させればどうか」と提案している。

井手は「女系を認めない以上、女帝を認めても、一時的摂位にすぎない」と、女子皇族の継承を皇室典範に規定することを断っており、ＧＨＱ側もしつこく要求はしていない。（『日本立法資料全集１・皇室典範』資料40、芦部信喜・高見勝利編著、一九九〇年、信山社）

ここで登場する「女帝」と「女系」は、この小論の最大の論点である。後述する。

ＧＨＱの関心は、継承の在り方より、膨大な皇室財産の処理にあった。この財産が、戦費として使われたとみたからである。

日本ペースだった典範改正

旧典範と現行典範の内容を比べると、おおまかにいって、旧典範から、元号と宗教的色彩の濃い大嘗祭の規定を削ったものが現行の典範であるといっていい。基本的な骨組みは変わっていない。旧典範で認めていた庶子の継承は削除された。明治天皇も大正天皇も、正妻である皇后から誕生してはいなかったから、旧典範が庶子継承を規定していたのは、必然ともいえた。

ただし、旧典範が皇室の家法として、議会の干渉を一切認めず、制定時は公布もされない（非公式の発表はあった）一種の聖典だったのに対し、現行典範は、国会の議決を必要とする一般法律となった。国会を通じ、国民の声が反映されるものになったのである。

ＧＨＱは典範の内容については、あまり口出ししなかったが、法形式の変更に関しては譲歩しなかった。典範の一般法律化は、「象徴天皇」とセットとみていたからであろう。

なぜ女帝が禁じられたか

女帝禁止の経過をみるには、明治時代にまでさかのぼらなければならない。明治憲法と皇室典範が制定されたのは、一八八九（明治二二）年二月だった。それ以前の一八八四（明治一七）年から八六（明治一九）年にかけて、当時の宮内省が、皇室典範の原案ともいうべき「皇室制規」「帝室典則」という二つの案を作成した。

もっとも古い「皇室制規」では、女帝・女系帝を認めていた。現代風に意訳すると、「男系皇族が絶えたさいは、皇女または皇族の女系が皇位を継承する」（一条）と規定し、「女帝または女系帝の皇位継承は、その皇子、皇子がいない場合は皇女」（七条）とあった。

さらに、「女帝の夫は、（男子皇族から）臣下になった人で、天皇の血統に近い人を迎える」（一三条）という規定もあった。

女帝を認め、女系の皇族にも皇位継承権を与えているのが、大きな特徴となっていた。

これに対し、猛烈な反対論を展開したのが、伊藤博文を助け、明治憲法、皇室典範作成に深くかかわった井上毅だった。井上は「謹具意見」という伊藤あての意見書のなかで次のような趣旨を述べている。

「女帝は一時的なもので前例ではない」「女帝の夫が源という姓なら、生まれくる子は源の家の子であり、天皇家の人間ではない。だから、女系には皇位継承は認められない」。

女帝が前例であるか、ないかについては議論の余地があろう。後者は、いわゆる「万世一系」の指摘である。女帝の子は、女帝の夫の姓を継ぐものであるから、皇統が他に移ってしまう。万世一系ではなくなるではないか、女系は絶対に認めることはできない、と主張しているのである。

井上の強い反対論を受け、改訂版の「帝室典則」以後は、女帝、女系帝は削除され、復活することはなかった。その後、井上や公卿の柳原前光らが検討を重ね、明治の皇室典範となる。

こうした議論、とくに万世一系の維持や、女帝の夫の問題は、いまでも井上の指摘が生きており、古い話だからといって無視できないものがある。

一時的な女帝は認めても、女帝の生んだ子が皇位継承すれば、つまり女系天皇になれば、皇統が移動して万世一系ではなくなるという議論は、皇位継承のルールを見直すにあたってクリアーしなければならない最大の壁になるだろう。

現代で女性天皇が誕生する場合、同じ問題が起きるからだ。現皇室で女性天皇が誕生すれば、男子皇族の少なさからみて、前例のない女系天皇につながる可能性が大きい。この点は、宮内庁内部資料をもとに、後に議論を整理する。

過去八人の女帝は、推古天皇から元明天皇まで四人が皇后か皇后に準ずる人で、夫の死後、即位した寡婦だ。元正天皇から後桜町天皇まで四人は配偶者がいない。皇統の他家への移動に対する危惧のほか、女系の子と他の皇族との間で皇位継承順位が混乱しないように結婚させなかったためといわれている。

政府関係者には、女帝はともかく、女系天皇だけは、なんとしても避けたいという意図があったわけだ。

むろん、いまの時代、女子皇族に「結婚させない」などという暴論が通るはずもない。

井上毅（いのうえ・こわし）＝一八四四―九五。熊本藩出身。司法省入り。仏、独に派遣され、帰国後、大久保利通、岩倉具視に重用される。明治憲法の方向を決めた岩倉意見書を起草。明治政府で近代法にもっとも精通していた。伊東巳代治、金子堅太郎とともに伊藤博文を補佐し、明治憲法の作成に加わった。枢密院顧問官、文相。

柳原前光（やなぎはら・さきみつ）＝一八五〇―九四。公卿、明治時代の外交官。元老院議官、枢密顧問官。妹の柳原愛子は、大正天皇の生母。

民間ではかっ達な議論

同時代、民間でも活発な議論があった。

一八八二年（明治一五）年一月、自由民権結社・嚶鳴社は、「女帝を立てるの可否」をテーマとして、当時のジャーナリストによる討論を行っている（近代思想体系2「天皇と華族」遠山茂樹・岩波書店所収）。賛成論者の草間時福は、反対論者に対し、「アジアのへき習に迷い、男を人とし、女を獣として、女子の権利を破らんとする」と攻撃。同じく賛成論の肥塚竜は、女帝の夫に臣下を迎えるのが難点なら「清国なり、その他の外国なり、望ましい外国皇室と結婚することも妨げなし」と言い切っている。この討論を著書（「皇室制度」一九九三年、岩波新書）で紹介した鈴木正幸・神戸大学教授は、そのなかで「この討論は採決の結果、賛否同数となり、議長権限で女帝は否となったが、（略）今日からみても驚くほど自由な議論が展開されたことは注目すべき」と指摘している。

肥塚の主張は、ヨーロッパのゲルマン法系の王室にみられる王族同士の同等婚的な方向を示すものだった。日本の場合は、古来、男系だけが皇族であり、皇族の配偶者は結婚によってだけ、皇族待遇となるわけで、当時としては、それまでの慣習にとらわれない発想の大転換であった。

草間時福（くさま・ときよし）＝一八五三―一九三二。自由民権派。朝野新聞を経て、東京横浜毎日新聞記者。東京府会議員。東京郵便電信学校長。

肥塚竜（こいづか・りゅう）＝一八四八―一九二〇。横浜毎日新聞記者。立憲改進党員。東京市会議員。衆院議員。衆院副議長。

民間では自由闊達な議論があったのに、伊藤博文や井上毅ら政府当局者は、女帝を認めなかった。明治憲法下、天皇は陸海軍を統率する大元帥だった。士族政権だった薩長藩閥政権政府の首脳には、女帝が白馬にまたがって、軍隊の指揮をとることなど想像できなかったのかもしれない。明治政府は、近代国家を完成させるため、天皇を神格化した「権威の中心」にせざるを得なかった。当時としては、やはり、中心に据えるには、男帝が必要と考えたのだろうか。

古代史研究では、男系の皇位継承システムが、中国律令王朝の影響を受けたことが指摘されている。中国の女帝は、「聖神皇帝」と称した則天武后（六二四―七〇五）ただ一人だった。即天武后を女帝として認められないという説もある。

さらに古代女帝の最後の在世が八世紀末で、わが国に父系社会が浸透してきた時期とほぼ一致することなどが、女帝研究との関連であげられている。

この点について、終戦直後の一九四六（昭和二一）年、憲法担当国務相の金森徳次郎は、現行の皇室典範の国会審議で次のような答弁をしている。

「なぜ、男系だけに天皇の継承権を認めて、女性には認めなかったか。古代には、女帝に重きを置くという思想もあったようだが、学問的な見解ははっきりしない。女帝を認めるには根本的な研究が必要だ。将来の課題に残すが、おろそかに考えているわけではない」。その上で、金森は、今後の「十分な研究」を約束している。

金森徳次郎（かなもり・とくじろう）＝一八八六―一九五九。岡田啓介内閣で法制局長官。著書『帝国憲法要綱』が、天皇機関説であると攻撃され、三六年、辞任。戦後、第一次吉田内閣で憲法担当国務相。国会審議で象徴天皇を「国民あこがれの中心」と答弁。新憲法下でも、精神論的には、天皇中心の国体（国の統治形態）が変わっていないことを強調した。

現代の論戦

現代の議論はどうであろうか。

一九九二（平成四）年四月七日の参院内閣委員会会議録を分かりやすく再構成すると次のようなやり取りになる。

質問者は三石久江・社会党参院議員、答弁者は、宮尾盤・宮内庁次長、加藤紘一・内閣官房長官

（肩書は、いずれも当時）である。

三石　皇位継承者を男系男子に限る理由は何か。

宮尾　憲法第二条の規定を具体化した形で、皇室典範第一条ができている。皇位の「世襲」とは、日本古来の伝統が背景になっていると考えている。その伝統とは、男系男子が皇位を継承するということだ。

三石　憲法は皇位継承について「世襲」とだけ規定してある。憲法条文上は、女子の継承を妨げていないと思うが。

宮尾　日本国憲法が規定する「世襲」とは、皇室の長い伝統を踏まえたうえでの世襲という考え方になるのではないか。男系男子ということがずっと基本的な考え方として受け継がれてきた。

三石　憲法第九九条では、天皇や公務員の憲法尊重遵守義務が定められている。憲法第一四条の男女平等についても遵守義務はあるわけだから、皇位継承についても、その精神を酌んで、女子にも継承を認めたらどうか。

加藤　憲法第二条は、皇統に属する男系の男子が皇位を継承するという伝統を背景として制定されたものなので、二条は、皇位継承を男系男子に限るという（皇室典範の）制度を許容していると考える。したがって、皇族女子の皇位継承を認めない典範第一条の規定は、法の下の平等を保障した憲法第一四条に違反してはいない。

憲法
第二条〔皇位の継承〕　皇位は、世襲のものであって、国会の議決した皇室典範の定めるところにより、これを継承する。
皇室典範
第一条　皇位は、皇統に属する男系の男子が、これを継承する。
憲法
第一四条第一項〔法の下の平等〕　すべて国民は、法の下に平等であって、人種、信条、性別、社会的身分又は門地により、政治的、経済的又は社会的関係において、差別されない。

女帝問題は、これまでに国会で何回か取り上げられたが、聞く方も答える方も、同じことを繰り返し、平行線をたどっている。攻める側は、男女平等を主張し、守る側は男系男子の継承が伝統である、と応戦している。

憲法解釈上の通説は「皇位の世襲は、平等原則の例外を憲法自体が認めていると解すほかはない」というものだ。

皇族には、皇位継承、摂政〔天皇が重病などのさいの代理機関〕となる資格、敬称を受ける権利などの特権が認められている。反面、結婚の自由、職業選択の自由、国籍離脱の自由などが認められていない。選挙、被選挙権もない。国民一般に認められている基本的人権がかなり制限されている。

こうしたことからみると、確かに天皇・皇族は「例外」といえるのだろう。だが、筆者は象徴である天皇に一般の平等原則を適用しようという考え方にはなにかしっくりしない感じを持つ。解釈に「無理」があると思うのである。

「象徴」という言葉には社会心理的な面があり、多義的で人によって受け止め方はさまざまであろう。「長嶋茂雄はジャイアンツの象徴である」という使い方もあれば「悪の象徴、麻原彰晃」ともいう。使い方によって重くも軽くもなる。

しかし、憲法一条は、天皇が「日本国と日本国民統合の象徴」であると規定している。これは、天皇に象徴という特別な公人としての地位を与えたことを意味する。特別な公人としての「象徴」に国民一般に適用される平等原則をあてはめる必要はない、と思う。

「皇位の世襲」と「平等原則」が憲法内で衝突するなどと、目くじら立てる必要はないのではないか。皇位継承資格は、「人権」の問題ではない。

一方、「男系男子の皇位継承が伝統」とする政府見解は、あまりに井上毅流の「万世一系」にこだわった形式答弁ではないだろうか。筆者は天皇の存在自体を文化であり伝統であると考えるが、男系男子の継承が伝統であるとは思わない。

これまで述べてきたように、それは明治以降の取り決めであり、政府部内にさえ女帝容認論はあったのである。

前述したように万世一系といっても、一つの直系だけが皇位を継承してきたわけではないし、ある系列が途絶えれば、傍系に皇位が移ったりしている。かなり広い範囲の皇統内の継承というべきである。いったん皇統を離れ、臣下の列に加わる臣籍降下をしながら、天皇になった例（第五九代・宇多天皇）さえある。

現行の皇室典範では、庶子（正妻以外から生まれた子）継承を禁じたが、この点について、政府関係者は「時代のすう勢というもののなかで道徳的判断というものが漸次変わってきた」と国会答弁している。「伝統」の観念さえ変化するのではないか。

おおらかな皇位継承のルールがあってもよいのでないだろうか。

「明治」に固執する政府見解

何をどう改正すれば、よいのだろうか。多数説は、男系男子の皇位継承を規定する皇室典範を改正して、女子皇族にも皇位継承権が与えれば、女性天皇は可能になるという考え方だ。

「世襲」とは普通、一定の地位につくものが、一定の血統関係に属するものに限られていることをいう。皇位の「世襲」を単に皇族の範囲内のものと考えれば、女子皇族が即位しても憲法解釈上は問題がない。法律である皇室典範改正で対応できる、とする見解となる。

明治憲法では、皇位の継承は「皇男子孫」と明文化されているのに対し、現行憲法では、単に「世襲」とだけあることが、一つの論拠となっている。

だが、政府見解は、かなり違う。

前記の参院内閣委のやりとりを思い出してほしい。

官房長官や宮内庁次長は、憲法二条の皇位の「世襲」の意味について、次のように答弁している。「世襲とは、皇室の長い伝統を踏まえた上での世襲という考え方になる。その伝統とは、男系男子の皇位継承である」。

整理すれば、「世襲」とは、長い間の「伝統」を踏まえたものであり、その伝統とは「男系男子の継承である」という論理展開だ。

これは憲法上の「世襲」には「男系男子の継承」が読み込まれているか、すくなくとも「男系男子の継承」が含意されているという解釈につながる。

憲法学説にも、少数ながら同様の指摘がある（小嶋和司憲法論集二『憲法と政治機構』所収。2「女帝」論議、木鐸社）。

小島は「『世襲』制の要求をみるとき、それは単に世々襲位することではなく、継承資格者の範囲には外縁があるとしなければならない。単なる財産相続や芸能家元身分の『世襲』にも、資格条件の外縁は存するのである。ここに思いいたるとき、憲法第二条は『王朝』形成原理を無言の前提として内包しているとなすか、それとも『国会の議決した皇室典範』はそれをも否認しうるとなすかは憲法論上の問題とすべきものである」と述べている。

小島は、憲法上の「世襲」には、男子継承という意味の「伝統」が含まれており、それを現皇室典範が否定できるのかどうか、疑問を投げかけているのである。

一連の政府答弁は、明治以降の政府見解を踏襲したものだ。いまの皇室典範制定時に法制局が作成した想定問答も次の通りである（抜粋）。

「そもそも世襲という観念は、伝統的歴史的観念であって、（中略）典範義解（解釈書）によれば、①皇祚を践（ふ）むは皇胤に限る②皇祚を践むは男系に限る③皇祚は一系にして分裂すべからざること、の三点に要約してゐる。これは歴史上一の例外もなくつづいて来た客観的事実にもとづく原則である。世襲といふ観念の内容について他によるべき基準がない以上これによらなければならぬ。さうすれば、少くとも女系といふことは皇位の世襲の観念の中にふくまれてゐないと云へるであろう」（傍線は筆者）。（前掲『皇室典範』信山社、資料54・皇室典範案に関する想定問答）。

こうした考え方にたつと、女性天皇、さらにはその子による皇位継承は、法律である皇室典範改正だけではできない。憲法二条の改正が必要だ。

「明治」に固執する政府見解

たとえ皇室典範の改正だけですんだとしても、法律のコンセプトを変えるような全面改正になることは避けられない。いっそのこと憲法も改正したほうがすっきりすると思う。

例えば、現行憲法二条を「皇位は世襲である。皇室典範の定めるところにより、男子および女子の皇族がこれを継承する」と改正する。

「男子または女子」としないで「男子および女子」とするのは、男子がいない場合に女子が継承するのではなく、長幼順に男女対等にする趣旨だ。男子、女子の区別なく第一子が継承するのである。このほうが継承順位が混乱しないと思う。

ただし、どうしても男子皇族の継承に優先権を持たせたければ、典範に規定することは可能だ。しかし、第一子として女子が生まれ、かなり年月を経てから、第二子に男子が誕生した場合などは混乱する可能性はある。

いずれにしろ、憲法に皇位継承の在り方を明文化したうえで、下位の法律である皇室典範を改正するほうが法体系の見直しとしては望ましいのではないだろうか。

「憲法改正など、いつのことになるか分からない」というのであれば、政府は、少なくとも、自縄自縛に陥っている従来の「世襲」に関する見解を改め、皇室典範の改正作業に取りかからなければならない。「世襲」の概念を「皇統に属する男系男子」から、単に「皇統（天皇の血統）」と幅広く改めることになろう。

宮内庁の部内用検討メモ

実は一九九四年に宮内庁関係者がひそかに部内検討用に作成した皇位継承資格についての資料がある。さまざまな場合を想定したケース・スタディである。（九五年一月一五日、読売新聞朝刊掲載。拙稿「女性天皇の時代」、Ｔｈｉｓ　ｉｓ　読売・一九九六年一月号）。

（宮内庁は検討したことはないし、資料に責任は持てないといっている）。

別表①の「天皇ご一家と親族」を参照しながらみてほしい。

資料は、一、男系男子の場合。二、女帝を認める場合。三、女系を認める場合——の三通りに分け、皇位継承順位について想定している。

まず、一、のケース。① 皇太子殿下に男子がご誕生の場合。

「天皇陛下—皇太子殿下—皇太子殿下の第一男子」

② 皇太子殿下に男子のご誕生がなく、秋篠宮殿下に男子がご誕生の場合。

「天皇陛下—皇太子殿下—秋篠宮殿下—秋篠宮殿下の第一男子」

③ 皇太子殿下および秋篠宮殿下に男子のご誕生がなく、高円宮殿下に男子がご誕生の場合。

「天皇陛下—皇太子殿下—秋篠宮殿下—高円宮の第一男子」

④ 皇族各殿下に男子のご誕生がない場合（例示）。

ここでは、昭和二二年に臣籍降下した旧宮家、旧皇族の長子孫や旧制下で臣籍降下した者の第二子以下のケース、さらには旧東久邇宮など、最近親の旧皇族の継承のケースが四通りにわたってあげられている。

①②③の場合は、現行皇室典範にそって皇位が継承される。

④の場合は、あくまで男子継承にこだわるケースだが、皇籍を離れて民間人になった旧皇族を皇族に復活させるのであるから、典範の改正が必要だ。その是非をめぐって多くの議論が出るだろう。

資料は、④の問題点として、⑴皇室典範の改正が必要⑵ここまで遡るならむしろ女系にすべきとの議論が出る⑶どの時点で皇位継承順位を決めるか⑷庶子の系統を認めるか⑸皇族の範囲をどうするか⑹旧宮家や旧皇族の復活のケースで長子孫に限るのは皇位継承順位に矛盾しないか——を列挙している。

⑶は、皇族に男子誕生の可能性がなくなったことをいつの時点で見極めるか、ということである。各皇族の年齢を勘案して判断するということだろう。デリケートな問題だ。

二、の場合は簡単で、「皇族各殿下に男子のご誕生がないという仮定にたてば、女帝を議論する余地なし」として、女帝を認めている。

最後が女系を認める三、の場合。女帝とは、女子皇族が天皇になるケースで、過去八人一〇代を数える。女系とは、女帝の産んだ子（男子、女子いずれの場合もあり得る）が即位することで、一二五代の天皇中、前例がない。

資料は次のように分けている。
①　皇太子殿下に女子が誕生の場合
a、皇太子殿下ご在世中の場合。

「天皇陛下―皇太子殿下―皇太子殿下の第一女子」

b、秋篠宮殿下ご在世の場合。

「天皇陛下―皇太子殿下―秋篠宮殿下―眞子内親王殿下」
②　皇太子殿下に女子のご誕生がない場合。
「天皇陛下―皇太子殿下―秋篠宮殿下―眞子内親王殿下」

資料は、女系を認めるケースの問題点として次の六点をあげている。
(1)女系は皇位の世襲の観念には含まれないのではないか(2)皇室典範の改正が必要(3)どの時点で女系を認めるか(4)臣籍降下されている場合にどうするか(5)女系を認めても男子優先とするか(6)皇の配偶者をどうするか。

難問はお婿さん

(1)は、憲法第二条の「世襲」の観念の問題だ。突き詰めていけば、憲法改正が浮上することはすでに述べた。(2)は、当然。(3)は前記と同じ「男子皇族が誕生しないという見極め」の問題。女子皇族が皇位継承する場合、継承の前に皇太子としての身分を決めなければならない（女子皇太子の例は孝謙女帝にある）。

皇族方の年齢からみて、実際の皇位継承より、立太子の礼（皇太子としての公式のお披露目）は、時期的にみてかなり早くなりそうだ。「見極め」にあまり時間はない。

(4)は、たとえば、眞子内親王殿下が適齢期になって、民間人と結婚してしまったケースなどへの対応である。民間人と結婚した場合でも、皇族としての身分を残すのかどうか、の問題である。現典範の規定では、女子皇族が民間人と結婚して皇族でなくなれば、皇族には戻れない。皇位継承者がよほど少なくなった場合の想定だろう。(5)は女系天皇に男子と女子双方が誕生したケースだ。筆者は前述したように男女の差なく第一子継承でよいと思う。

(6)は女性天皇のお婿さんの問題である。

現実問題として、雅子さまが男子をご出産になれば、一、の①のケースである。宮内庁関係者の内部検討もまったくの杞憂になる。女子誕生なら問題は継続する。

筆者は冒頭述べたように、男女いずれかの誕生にとらわれずに皇位継承のルールを見直すべき、と主張した。安定した継承ルールが必要と考えるからだ。

したがって、女帝にしろ女系にしろ女性天皇の可能性を排除するべきではない。男子皇族がいなければならない。結婚して子どもが生まれなければ、女性天皇が誕生するのである。

その場合、女性天皇（女性皇太子）の結婚問題は避けて通れない。結婚して子どもが生まれなければ、結局、皇統は絶えてしまうからだ。それが(6)の指摘である。

明治以降、指摘されてきたのは、皇統の移動に対する危惧のほか、女性天皇が夫の意向に左右されてしまうのではないか、といった不安だった。

前者については、いまや遺伝子が男子だけに伝わるなどと考える人はいないだろうし、後者については、女性が男性に唯々諾々と従う時代ではない。

配偶者は、まず、旧宮家あたりから候補者を見つけ出そうとするのだろうが、選考はなかなか難しい。

いまの天皇陛下は皇太子時代、美智子さまをお選びになった。その選考経過を説明した、当時の宇佐美毅・宮内庁長官の発言を紹介しよう。

「学業、健康、人物、家系、家族、親族、宗教などにつき、すぐれた人でなければならない」。

この厳しい条件は、女性天皇の配偶者にもあてはまる。ご本人同士の気持ちを第一に尊重しなければならないし、適格者探しは一大事業であろう。

配偶者は、皇族待遇をうけることになるだろう。次の条文も改正が必要だ。

皇室典範
第一五条（皇族の身分の取得）皇族以外の者及びその子孫は、女子が皇后となる場合及び皇族男子と婚姻する場合を除いては、皇族となることがない。

美智子皇后や雅子皇太子妃のケース以外、民間人は皇族になれないのである。民間人の男性が皇族になることは、現典範では、まったく想定されていない。

「天皇及び皇族は、養子をすることはできない」という現行典範九条は、明治の旧典範を引き継いだ条文だが、これも場合によっては改正作業の検討にのぼるかもしれない。

ワンカップルでいつも男の子は無理

先の参院内閣委に質問者として登場した三石久江さんらの調べによると、天皇一二五代のうち、配偶者が一人だったのは、二四人で、八四人は複数の女官などをもち、その平均は七・八人であるという。

古代については、伝承もあるので、江戸時代はじめの一〇七代・後陽成天皇以降、現天皇までの調査をみよう。

その間、天皇は一九人だが、女帝が二人いるので、一七人。配偶者・女官などの平均は、四・八人で、生まれた子どもの平均は一二・七人である。一九人のうち、一二代が非嫡出子の男子によって皇位継承されているという。

何を訴えたいのか、というと、男子皇族を常時確保するには、複数の女性が必要であり、配偶者が一人のワン・カップルの現代では、これは不可能に近いということだ。男子が誕生してもそれは偶然なのである。

明治以降、皇族には養子を禁止した。現皇室典範では庶子継承も禁止した。当然のこととはいえ、継承権のある皇族の範囲は非常に狭くなった。男系男子継承による「万世一系」が、難しいのは自明のことである。皇位継承権を女子皇族がもつべきなのである。

女帝問題とともに明治期から議論になったものに天皇の生前退位があった。江戸時代までは、生前の譲位は普通で、むしろ亡くなるまで在位するケースのほうが少なかった。一世一元の終身制は明治時代からである。

金森徳次郎は一九四六（昭和二一）年の皇室典範の国会審議のなかで、生前退位を認めない理由として、次のような答弁をしている。

「天皇のご在位については、国民はその万世一系の系統のある時期をお充たしになるということに、絶対の心のつながりをもっている。天皇ご一人の考えで、天皇位を動くということは、この国民の信念と結びつけると調和しない点がある」。

建前は別として、譲位を認めると、即位も自由意思ということになりかねず、天皇制自体が崩壊しかねないという考え方があったようだ。

天皇の生前退位については、GHQの内部でも方針の変更があった。

GHQは、当初、皇位継承を天皇の崩御のさいだけに限ることは「自然人としての天皇の自由を拘束しすぎる」として、天皇の退位の自由を認める意向だった。四六年、皇室典範などを立案した政府の臨時法制調査会の審議になったとき、生前退位容認の方針を撤回した。

退位した天皇が野心を持ち、政治勢力を結集して総理大臣にでもなられたら困る、という意見がGHQ内部に出たからだという。

いかにも欧米的発想だった。当時、国際世論は昭和天皇に対して厳しいものがあり、典範に退位の規定が入っていたら、昭和天皇は退位したかもしれない、という見方はあった。

欧州の王国の例

王室のあるヨーロッパ諸国では、二〇世紀に入って、憲法や王位継承法を改正して、女子皇族の皇位継承を次々に認めた。ただし、男女の差別なく年長順に第一子継承に改めたもの（オランダ、スウェーデン、ノルウェー、ベルギー）、男性がいない場合に女子の継承を認めたもの（スペイン、デンマーク）

など、濃淡はある。早くから女子継承を認めている英国は、後者の男性優位のパターンである。

英国では、女王誕生は一五五三年に即位したメアリー一世。スコットランドは、イングランドとの連合以前の一二八六年にマーガレット女王が即位した。

なぜ、ヨーロッパでイングランドとスコットランドが、女性継承を容認したのかは、はっきりしない。大陸諸国と民族構成が異なっていたからであろうか。

各国王室との比較で注意しなければならないのは、ヨーロッパのゲルマン法系の国では、王族の結婚は、同等婚であったことだ。明治時代の「女帝の可否」論争で肥塚竜が主張したことは紹介した。女子の皇位継承を認める英国でも、夫婦とも王族でなければ結婚が認められなかった。ただし、ヨーロッパなら、どこの国の王族でも構わなかった。実際、欧州の王室は各国王朝の血統が混じり合っている。

英国のエドワード八世は一九三六年、王族でない米国人女性・シンプソン夫人と結婚するため、退位した。王族でない子を誕生させる結婚は国王には許されなかったからだ。同王は立法議会に対し、特別立法で婚姻を容認するよう求めたが、拒否された。

女系を認める英国でも、夫となる皇配は、ほとんど王族である。日本の場合は、仮に旧宮家出身者ではあっても、女性天皇のお婿さんは民間人となるわけだから、この点は違う。

欧州の王国の例

ゲルマン法系（フランク法）の重要法典である「サリカ法典」（六世紀ごろ成立）の影響が強かった国

は、女性継承は認められていなかった。例えば、フランスでは女帝、女王はいなかった。同法典の王位継承法の原則的根拠は「女系親は父祖伝来の財産を承継すべからず」であった。

王侯、領主は土地を領有するからこそ、領主であり、領地を相続できない女性には、帝位、王位を継承することはできなかった。例外はあったが、英国を除く、大陸の諸国は、女性の継承を拒否してきた。

現在は一般民間人との結婚も許されている。

日本で女系を認める場合、オランダ方式か英国方式か、の選択をしなければならない。男女の関係なく、第一子継承にした方が分かりやすいのではないか。

皇位継承ルールの見直しには、議論すべき論点がかなり多い。

（加藤孔昭）

憲法改革の論点——21世紀の憲法構想

2000年（平成12年）3月5日　第1版第1刷発行

編著者　加　藤　孔　昭

発行者　今　井　　　貴
　　　　渡　辺　左　近

発行所　信山社出版株式会社
〔〒113-0033〕東京都文京区本郷 6-2-9-102
電話　03（3818）1019
FAX　03（3818）0344

印刷・製本／松澤印刷・大三製本

ISBN4-7972-2167-4　C3332

攻撃戦争論　カール・シュミット著　ヘルムート・クヴァリーチュ編　新田邦夫訳　九、〇〇〇円

憲法学の発想1　棟居快行著（成城大学法学部教授）　二、〇〇〇円

憲法叢説（全三巻）　芦部信喜著（元東京大学名誉教授）

1　憲法と憲法学　二、八一六円

2　人権と統治　二、八一六円

3　憲政評論　二、八一六円

憲法史の面白さ　大石眞・高見勝利・長尾龍一編　二、九〇〇円